WAC BUNKO

「浮気」を「不倫」と呼ぶな

——動物行動学で見る「日本型リベラル」考

竹[illegible]子
[illegible]郎

WAC

はじめに——朝日の好きな「リベラル」の正体見たり〝枯れ尾花〟

動物行動学研究家、竹内久美子さんの御名前は『週刊朝日』副編集長だった一九八〇年代から存じ上げていた。編集部員の一人、F君が竹内さんの「狂」の付く熱心な愛読者だったからである。

F君は部内では艶福家《えんぷくか》として知られていたが、ただの助平なオヤジではない。恐竜の話や日本の戦国時代のことになると、あたかもその時代に生きていたように語ることができた。豊富な知識と巧みな話術を持っていた。優秀な記者だけあって、私が浮気をして女房に責め立てられていることも、小耳に挟《はさ》んでいたのだろう。竹内さんを読むように勧めたのは、同病相あわれむ気があったのかもしれない

F君に勧められるままに、竹内さんの雑誌の連載に目を通した。理系の人の文章は、

とかく堅くて難解なものである。ところが竹内さんの文章は、私のような理科オンチにも読みやすく、わかりやすい。頭の良い人に違いないと思ったものの、お会いすることもなく月日が流れた。

それが二〇一八年三月二十八日、たまたま開いた産経新聞のコラム「正論」で「日本型リベラル」という言葉を見つけ、思わずヒザを叩いた。

私は新聞と週刊誌という節穴のような小窓から世の中を見てきただけの人間だが、そのせいか活字の世界には少しカンが働くようになり、その日はカンが「今日の『正論』は読んでおけよ」と命じたのである。その結果、「日本型リベラル」を知ることができたわけである。私はただちに産経新聞「正論」気付けで、竹内さん宛にハガキを書いた。

コラムにヒザを叩いたのには、理由がある。

私は小さい頃から、明治生まれで赤ギライの父に「付和雷同はするな」と、やかましく言われて育ったせいか、六〇年安保の年に大学に入っても、当時流行《はや》りの共産主義思想や、進歩的文化人の主張に影響を受けることはなかった。

私が一九七五年に朝日新聞の社会部から『週刊朝日』に異動になった頃、社内では「タテマエの朝日新聞、ホンネの週刊朝日」と言われていた。私の実感から言えば、タテマエは子供のもの、ホンネは大人の世界ということになる。わかりやすい例を挙げれば、何でもかんでも平等を求めるのが子供なら、文化遺産が権力者の遺物で、人間が平等なのは、法の前だけであることを知っているのが大人である。

大人の常識が少しわかって新聞の世界にもどると、程なく、タテマエの新聞は国旗国歌法反対のキャンペーンを始めた。

例のごとく、「軍靴《ぐんか》の響きがする」という論調である。しかし、朝日の一番の催しと言っていい夏の高校野球では、開会式と閉会式で国歌を吹奏し、国旗掲揚の儀式を行っている。その事実には全く触れずに国旗国歌法に反対するのでは、言行不一致ではないか。子供でもわかるようなことがわからない編集委員のいることには驚いたが、驚きを通り越して呆れたのは、海外のスポーツ大会を数多く取材したという運動部の編

集委員のY君の書いた、

「会場に『君が代』が流れると、席を立つ観衆が多い」

という記事が載ったことである。

海外のスポーツ・イベントはテレビでよく見ているが、記事にあるような場面は見たことがない。社内でY君に会ったので、「あれはホントかよ」と聞くと、こう言った。

「あれはウソですよ。でも、今はああ書いておくほうがいいんですよ」

呆れて二の句が告げないとは、こういうときにある言い回しだろう。

私は『週刊朝日』時代、朝日新聞がリベラル派の〝牙城〟と見られ、大人の間で顰《ひん》蹙《しゅく》を買っていることは、さんざん聞かされてきた。Y君の話はまさに「幽霊の正体見たり枯れ尾花」だったわけである。リベラル派の牙城の実体は、こんなものだったのである。

リベラル派が信用ならないことは、私自身、身をもって思い知らされたことがある。

二〇一三年十一月、マスコミ業界誌『創』に、朝日の紙面批判を連載し、それが朝日の誹謗中傷になるという理由で、朝日新聞社から出入禁止の処分を受けたのだが、『創』のS編集長は朝日から訂正と謝罪を求められると、筆者の私の了解は取らずに謝罪文を書いて『創』に載せてしまった。

S編集長が、リベラル新聞の代表として朝日新聞と東京新聞を〝信奉〟していることは、承知していた。しかし、私が「勝手にお詫びを出されるのは困るよ」と言うと、「朝日新聞社を怒らせて、来年から入社試験案内を教えてもらえなくなるとマスコミ特集号を出せなくなるから困るんです」

と言った。

私はこのとき、リベラル信者の正体を見た気がした。

これだけ書けば、竹内さんのコラムに私が「我が意を得たり」とヒザを叩いた理由がわかっていただけただろう。

私は憲法改正についての議論を聞くにつけ、戦後の日本をミス・リードした進歩的文化人が、最近はリベラルという仮面を付けているような気がしてならない。彼らの正体は、良く言えば現実離れをした空理空論《くうりくうろん》を弄《もてあそ》ぶ子供、悪く言えば無責任でいざとなると逃げ隠れする卑怯者ではないか。

こういう考え方は間違っているのか。竹内さんに教えてもらいたかったのは、動物行動学の見地から現代の人間社会の諸相《しょそう》がどう見えるか、ということである。

こう書くと、大上段に振りかぶったような話になるが、もちろん、そんな大それたことではない。私のような年齢の者には、最近の日本を見ていると、人間が哺乳類の一種であることを忘れているのではないか。そんなことを思わせる出来事が頻発している。

たとえば、次々と起きる不倫騒動がある。私などは、世の中にオスとメスがある限り、異性関係のゴタゴタはなくならないと思っているのだが、動物の世界の異性関係はどうなっているのだろう。

少子化が大問題だと言うのに、我が子を虐待して殺す。犬猫以下の畜生と言いたくなる親が後を絶たない。動物の世界の親子の間柄はどうなっているのか。人間が動物に学ぶべきことがあるのではないか。

そういうことが知りたくてお会いしたのだが、遺伝子やホルモンの働きの研究が進み、動物行動学の世界でも日々発見が続いていることを知った。日進月歩と言うと、医学の分野が真っ先に浮かぶが、日進月歩は医学の専売特許ではなかったのである。竹内さんとの対談は、目からウロコの連続だった。「我以外人は皆師」というのは、真理であることを改めて知った気がしている。

二〇一八年十月

川村二郎

「浮気」を「不倫」と呼ぶな
――動物行動学で見た「日本型リベラル」考

◆目次

装幀／須川貴弘（ＷＡＣ装幀室）

第一講

「日本型リベラル」は睾丸の小さな男子ばかり？

貧富の差を叫ぶモテない男

川村　本講の最後にも収録されている竹内さんの産経新聞「正論」欄の「『日本型リベラル』の真相は何か」(二〇一八年三月二十八日)を拝読して、共鳴、共感しました。最近の朝日新聞は、日本型リベラルの典型ではないかと思います。

竹内　日本型リベラルとは、簡単に言えば、共産主義、社会主義が失敗に終わった今でも、その思想にしがみつき、捏造《ねつぞう》、隠蔽《いんぺい》、改竄《かいざん》、研究妨害などもいとわない人々です。記事にも書いていますが、私がかかわっている動物行動学や進化生物学の分野でメディアによく登場する、ある学者は専門書でこう言っています。「人間の歴史上、婚外交渉がながらく重要な働きをしてきたのか、現在でも実際にしばしば精子間競争の状況があるのか、くわしいことはよくわかりません」と言う(笑)。

川村　「精子間競争(精子競争ともいう)」って、つまりは、浮気・不倫ということでしょう。

竹内　はい、精子競争とは、卵子（卵）の受精を巡って複数のオス（男）の精子が争うことで、一番多いケースがメス（女）が浮気をしたときです。一般の人たちは、浮気はよくあることだと知っているし、有名なキンゼイ報告をはじめとするいくつもの性の調査報告によると、現代社会で浮気は確実に、それも相当頻繁に行われていることが証明されています。さらに、男女ともに、浮気をよくするタイプとほとんどしないタイプの二つの勢力があることがわかってきているんです。

川村　それが睾丸のサイズに比例しているというから、ビックリです（笑）。

竹内　テストステロン（男性ホルモンの代表格。精力や筋肉増大、精子の産生にかかわる）のレベルが、睾丸サイズが小さいと低いんですよ。テストステロンは主に睾丸でつくられるので当然と言えば当然なのですが、その件についてはすでにアメリカの学者たちの調査で明らかになっています。

川村　本講の巻末にも収録した『別冊正論』（31号）掲載の論文（「動物学で日本型リベラルを看ると――睾丸が小さい男はなりやすい‼　政治から学界まで本能の為せるワザ」）でも詳述されていましたね。しかも、それが「日本型リベラル」とは、まさに言い得て妙だと思いました。
だいたい今の男はいい歳をして、変な格好でボールを投げる。子供の頃にキャッチボールもしないからでしょう。もっとも、キャッチボールができる広場も原っぱも路地もない。東京は、どこもかしこもコンクリートで蓋をしてしまった。土のないところで育ったら、男の子はオスの本能を失くすでしょう。少年野球に熱心な王貞治さんには、「このままでは『日本の男は死ね』になる。子供たちに動物の本能を取り戻させてください」と、お願いしているんですよ。

竹内　男女雇用機会均等法や、男女共同参画と小難しいことを言い出してからでしょうか。

朝日の嫌う「慰安婦」は必要悪だった!?

川村　「日本型リベラル」はまさに今の朝日新聞のためにある言い方です。何かあると敵に後ろを見せて、すぐに逃げ隠れする。遠巻きにして悪口を言う。論争を嫌がる。

言論機関として、卑怯でカッコ悪い。

竹内　元朝日新聞の記者でいらしたんですよね。

川村　そうです。「自分こそ朝日の正統だ」と思っていたんですよ（笑）。定年間際になって、ようやく「俺は違うらしい」ということがわかった。うかつでした（笑）。

朝日では、見るからに暗くて華のない人間が出世する。華がないので人が寄りつかない。寄りつかないから、情報が入ってこない。ますます引きこもる。その繰り返しになっているんです。

竹内　入社はいつだったんですか。

川村　東京オリンピックのあった一九六四年（昭和三十九年）です。

詩人の田村隆一さんは「世の中をおかしくしたのは、アメリカの禁酒法と、日本の売春防止法だ」と仰っていましたが、女性が正義論や理想論を振りかざすと、誰も反論ができない。田村さん曰く、売春防止法のせいで、日本中が廓《くるわ》のようになってしまったと（笑）。

竹内　従軍慰安婦と同じ話ですね。慰安婦がいなかったら、普通の人が兵隊に犯されていた。

川村　慰安婦は一種の必要悪ではないでしょうか。

竹内　「日本型リベラル」は、驚くほどあらゆる分野に巣くっています。歴史的に見て共産主義、社会主義が立ち行かないことがわかっていても、彼らはしがみついている。

川村　どうしてでしょうか。

竹内　現実を見ない、現実から目を逸《そ》らしたい、一旦染みついた思想は拭《ぬぐ》い去ることができない……など、いろいろ考えたのですが、これほどまでに蔓延《まんえん》していることからして、もっと根深いところに原因があるのではないかと思ったんです。共産主義・社会主義は、貧富の差がなく平等である社会を目指します。一見すると何ら反論を許さない、理想論に思えますが、要は何らかの能力や才能によってものすごく稼ぐことができる男性と、あまり稼ぎがない男性がいる。稼ぎの少ない男が、それはけしからんと言っているだけみたいに思えるんです。

「平等」も、自分が女性にモテないから、俺のところにも平等に女性を分け与えろ。

そういう意味ではないかと思ったんです。

川村　平等なのは、法の前だけでしょう。ひがみの裏返しですね。

竹内　そう考えると、にわかに彼らの言動が納得できるようになります。

私がはじめて、そういう人たちがいることを知ったのは、大学に入ってすぐの頃です。京都大学は民青（日本民主青年同盟、共産党の青年組織）の連中が非常に多かったんです。私はその頃、政治的な思想についてはよくわからなかったのですが、どうも民青の男性は揃いも揃って、普通は女性が寄り付かないであろう、救いがたいブ男であることがわかりました（笑）。

川村　しかも彼らは概して暗い。

竹内　そう。明るければ、まだ救いようがあるんですが。ただ彼らはモテたい気持ちもあるから民青系のバンドもあったんです。男性は楽器の演奏をすると普通、三割増しくらいにカッコよく見えるものなのですが、それでも、これはいくらなんでもなあ、というレベルでしたね（笑）。

そこからスタートして、動物行動学を勉強して、いろいろわかってきたんです。つまり、本質はモテない男が平等や貧富の差の解消を叫んでいるに過ぎないんじゃないかと。

川村　いやあ、朝日新聞の編集幹部に聞かせてやりたいですねえ（笑）。本当にカッコ悪いのが増えたんですよ。人は見た目が大事みたいな本（竹内一郎著『人は見た目が9割』新潮新書）が流行ったときに、白洲正子《しらすまさこ》さんは「見た目がすべてよ」と断言していましたけど、僕もまったく同感ですね。

外見こそ中身を知る手がかり

竹内　まさにそのとおりで、「人は外見で判断してはいけません」と言うのがポリティカル・コレクトネスでしょう。でも、違います。外見は中身の反映なんですよ。クジャクのオスは綺麗な羽を持っています。よりカラフルで目玉模様がたくさんあるオスに、メスの人気が集中します。なぜ、そういうオスが好まれるのか。

それは寄生虫などの病原体に襲われると、羽の色がくすんだり、目玉模様がたくさんつくられなくなったりするからです。優秀な子孫を残したい本能があるメスとしては、より完璧に近いオスに惹《ひ》かれるのは当然なわけです。

川村　左右対称《シンメトリー》もおかしくなるんですよね。

竹内　本来、生物の体は綺麗に左右対称になって発達すべきところが、主に病原体による弊害から微妙にずれてきてしまうんです。人間の左右の手首、肘、耳、足首などの幅を計測し、どれほど完全な左右対称に近いかを調べた研究群があるのですが、より完全な左右対称に近い男は、声やルックスが良く、スポーツもでき、ケンカが強いなど、男としての魅力をよく備えている。

逆に言えば、病原体に強く、免疫力が高いかどうかを、ルックスや男性のパフォーマンスを通じて女は見ているわけで、「あ、これはいい、素敵だ」と選ぶと、本当に中身も充実した男なんです。

川村　〝オス〟らしい〝オス〟というわけですね。

竹内　外見こそ中身を知る重要な手がかりだと思います。人は外見で中身を判断してはいけませんと言うのは、外見も中身も冴《さ》えない、モテない男たちのプロパガンダですよ。

川村　迷信みたいなものでしょう。

司馬遼太郎さんは「平等な社会からは文化は生まれへんで」と仰っていました。それから、陶芸の人間国宝の藤本能道《ふじもとよしみち》さんは、芸大の学長だったときに卒業式の訓辞で「日本は、北海道で雪が降っている頃、南では桜が咲いている。世の中は不公平にできている。公平、平等なのは法の前だけなのだから、卒業後は努力、研鑽《けんさん》に励め」と言われたそうです。

竹内　平等をうたう、共産主義の生みの親、マルクスは女中に手を出して、隠し子もいたようですから（笑）。はじめは平等だった社会がいかにして不平等になったかという『人間不平等起源論』や教育論である『エミール』の著者であるルソーにしても、困窮時代に生まれた五人の子供をやむなく孤児院に入れていますし、主張と行動とは矛盾しがちですね。

川村　今は「自由・平等・平和（博愛）」がスローガンのように大切にされています。ケンカなんかとんでもない。平和主義が第一になっている。

竹内　「自由・平等・平和」こそ、日本型リベラルの典型ですよ。戦後の日本人は、それらが正しいという刷り込み教育をされています。さらに、日本人は真面目だから、本気でそう思いこんでしまうところもある。日本型リベラルは、まじめです。動物学的に言えば、睾丸が小さく、テストステロンのレベルが低いと言えるわけですが（笑）。

浮気で人間の脳が発達？

川村　僕が編集委員のとき、朝日新聞の夕刊に連載していた「今日は何の日」というコラムで、啓蟄《けいちつ》の日に「あなた、変な虫が動き出さないといいわね」という女房のセリフを書いたことがあります（笑）。読者の評判は良かったんですけど、編集幹部からは「川村に書かせるな」という意見が出て、社内で大問題になったそうです。

竹内　何とも〝真面目〟な朝日でらっしゃいますね。男性は（実は女性にも言えることなんですが）性に関して二つのタイプがあります。一つは積極的にパートナー以外とも交わろうとするタイプ。もう一つが、浮気せず、一人のパートナーを大切にして、子育ても頑張るタイプ。

そういうことがいくつもの質問に対し、自分で何段階かの評価をして答えるというアンケート調査の結果としてわかりました。面白いのは、アンケート結果の合計数値が「あまり外に関心がない山」と「外に大いに関心がある山」というふた山の重なりになっているということです。

身長だと、平均値を中心にして左右になだらかなカーブを描き、減っていきます。つまり、身長が高いタイプ、低いタイプがそれぞれいるのではなく、一様に一つの山として分布しているわけです。一方で、性に関してふた山の重なりがあるということは、二つの違った戦略があるということを意味します。

外に関心がないからダメだということではなく、それは認めて、その戦略をとればいいのです。外に関心が強い人は、どんどん浮気をしていけばいい。それぞれにメリット、デメリットがあり、また、本人がどちらのタイプか自覚することが大事なんですよ。

川村 僕は浮気タイプだと自覚していますが（笑）。

竹内 それでいいんです（笑）。そのタイプであると、自分で追究していけば、自ずと自分の遺伝子をこの世界に残すことができるわけです。

川村　そういうことを考えて浮気していたわけではないんですけどね（笑）。

竹内　動物の最も重要な課題は、次の世代、そのまた次の世代に自分の遺伝子をいかに多く残すかです。

その際、浮気をしてあちらこちらにばら撒《ま》こうとするタイプもいれば、手堅く奥さんをガードして、子育てもしっかりやるタイプもいるということです。

川村　僕が頼りにした部下の一人は有能で、高校時代に旺文社の全国模擬試験で一番をとった。ところが、彼は外で子供までつくってしまったんです。竹内さんの仰るとおりですね。どんなに品行方正でも、仕事ができなければ戦力にならない。僕は、彼の下半身については無視しましたけど、王さんにも「どんなに品行が良くても、打率一割では使わないでしょう」と、よく話すんですよ。

竹内　『浮気人類進化論　きびしい社会といいかげんな社会』（晶文社／文春文庫）という本を出したとき、「これは浮気を推奨する本ですね」と批判されたことがありました（笑）。別に推奨はしていません。浮気を通じて人間は脳が発達し、言語能力が高まったということを述べているだけです。浮気をすると隠そうとしたり、相手のウソを見破ろうとするなど、頭を必死で働かせるでしょう。そういうことを通じて人類は脳を発達させ、人間たり得たのではないかと。

川村　浮気を肯定も否定もしていないんですね。

女性はなぜ女性っぽい顔の男を好むのか

竹内　睾丸が大きい男性が「浮気型」というのは、九〇年代に研究されています。左の睾丸の長いほうと短いほうの値を測り、睾丸を回転楕円体というラグビーボール状とみなして体積を出しています。そうしてそれらの男性をよく知る人物に聞き取り調査をすると、睾丸が大きいと、日常的により怪しい行動をとる傾向がある。でも、こういう浮気型は妻との関係がこじれて、家庭が壊れるリスクが高いですし、性病に罹《かか》るリスクも高くなり、最悪、命を落とすか、生殖能力を失うことにもなりかねません。

二〇一三年、女性主導の研究では、ＭＲＩ（核磁気共鳴画像法。磁石と電波を利用して、

第一講 「日本型リベラル」は睾丸の小さな男子ばかり？

人体の断面像を撮影する）という装置で睾丸の体積を測り、左右の平均値を出しました。彼らは小さな子供がいる男性なのですが、子供をどれくらいの頻度で予防接種に連れて行くか、お風呂に入れる件についてはどうかなど、いくつもの項目について何段階かで評価してもらう。こうしてイクメン度を調べたところ、睾丸の小さな男性にはイクメンの傾向がありました。

それだけではなく、脳機能MRI（ファンクショナル）（脳や脊髄の血流動態を画像化する）という脳の興奮状態がわかる装置を使った実験で、その男性の子供の写真を見せたのですが、睾丸が小さい男性のほうが、パーッと脳の報酬系が「幸せだ」とより感じる傾向があったのです。報酬系とは、欲求が満たされたときや満たされそうなときに活性化され、その個体に幸福感を与える脳内の神経作用システムです。睾丸が小さい男性は浮気をしませんが、わが子をしっかり世話して、子孫を残していく戦略です。ただ、外で子をつくり、自分の子に遺伝的にヴァリエーションをつけるとかは難しくなります。

男女は魅力的な睾丸の度合いが似通った者同士でカップルになりやすいと言えます。男性として魅力的な睾丸の大きい男性は、女性として魅力的な女性と番うというように。睾丸が小さい男性とその相手の女性のカップルは、はっきり言って、あまり格好よくありません。ただどんなレベルの者たちが栄え、どんなレベルの者たちが衰えるというわけではなく、均衡を保ちながら、共存共栄しているのが人間社会の在り方です。

川村　人間はどれだけ偉そうなことを言ってもしょせん動物ですから、もっと本能を鍛えたほうがいいわけですね。

竹内　そのとおりです。ちなみにマウンテンハタネズミとプレーリーハタネズミという、外見はまったく区別できないほど似ている二種のハタネズミがいるのですが、前者のオスはメスからメスへと渡り歩く、遊び人型。後者は一人の妻を大事にし、子育てもしっかりする真面目型です。どうしてそのような違いがあるのかを調べると、バソプレシンという、ホルモンの受容体の脳内での分布の違いでした。

ホルモンはそれ自体では働きがなく、受容体にくっついてはじめて働くので、受容体がどこに多く存在するかが重要なのです。

そしてバソプレシンは、交尾したメスとそのまま一緒にいたいと思うとか、子の世話を促進する性質を持っているのですが、その受容体が、プレーリーハタネズミ、つまり、真面目型のハタネズミでは脳の腹側淡蒼球《ふくそくたんそうきゅう》というところに多く分布していました。腹側淡蒼球はドーパミン報酬系の経路内にあり、バソプレシンがその受容体に結合することでドーパミン報酬系が活性化され、メスと一緒にいるとか、子の世話をすることに喜びを感ずるようになるのでしょう。

そんなわけで二〇〇四年にアメリカ、エモリー大学のM・M・リムらは、遊び人型であるメドウハタネズミ（マウンテンハタネズミとプレーリーハタネズミに近縁なハタネズミ。アメリカハタネズミともいう）のオスの腹側淡蒼球に、バソプレシン受容体の遺伝子を、ウイルスに運び屋になってもらい送り込むという実験をしました。すると、遊び人がたちまち真面目オスに変身したのです。

さらにバソプレシン受容体の脳内での分布がなぜ違うかは、バソプレシン受容体の遺伝子本体の近くの、発現を調整する領域にちょっとした違いがあるからであることもわかりました。

人間ではさすがにこういう実験はできませんが、少なくともわかっているのは、男が浮気型か真面目型かを決める一つの要因は、やはりバソプレシン受容体の遺伝子であり、そのある領域の型の問題だということです。二〇〇八年に、スウェーデンのカロリンスカ研究所のH・ワルムらのグループが、五百組以上の双子の男性とその配偶者（五年以上婚姻関係にある）について調べました。バソプレシン受容体の遺伝子のある領域における特定の型を二つ持つか、一つ持つか、一つも持たないか、という三種のケースがありますが、二つ持つと一つも持たない場合よりも、前の年に離婚の危機があったという割合が二倍以上にもなります。前者の場合の離婚の危機が三四％であるのに対し、後者は一五％なのです。離婚の危機の割合が高いというのは、男が浮気などして夫婦の関係が悪化したということでしょう。

川村　二十世紀の末にフリオ・イグレイシャスとウィリー・ネルソンがデュエットしてヒットした曲に『我が愛せしすべての女たちよ』という歌があって、「夜をエクスタシーで満たしてくれた女性もいた」なんて、劣情を催させる歌詞もあります。女性を持ち上げたかと思うと、サビでは、

「僕は貴女の元にとどまっていたかった。けれど、移ろいの風が僕を別の女性のところに運んだんだ」

と、浮気を風のせいにするんです。

浮気の責任をホルモンに押しつける説は女性には不快でしょうが、僕も若いときに先生に教えてもらえばよかった（笑）。私のような後期高齢者は元オスみたいなもの（笑）ですから、それこそ「遅かりし由良之介《ゆらのすけ》」です（笑）。

しかし、現役のオス諸君は、ホルモンの働きを知っておいて損はないでしょう。ただし、浮気の罪は殺人罪と同じで、時効がないことは肝《きも》に銘《めい》じておくべきでしょうね。女性は許さないし忘れませんから（笑）。僕なんか、女房の前では終身刑の身ですからね（笑）。

冗談はともかく、日本ではオスっぽいオスが嫌われる傾向にあるようです。

女はジャニーズ系〝羽生結弦〟がお好き

竹内　私はそれは日本特有の傾向かと思っていたのですが、世界的な傾向のようです。オスが軟弱になったわけではありません。日本とイギリスで、コンピュータグラフィックスを使って人の顔を男性化させたり、女性化させたりした実験が行われました。すると日本でもイギリスでも、女性は、平均よりもやや女性化した男の顔を一番好む傾向がわかりました。

川村　いわゆるジャニーズ系、羽生結弦《はにゅうゆづる》タイプですね。

竹内　はい、ただ彼らは顔が女性っぽいだけで、内面も軟弱かというと決してそんなことはありません。本質は男性です。

ただ、女性が、なぜ女性っぽい顔の男性を好むのかは、いまだ謎です。しかし一つのヒントがあり、アメリカのロサンゼルスにある精子バンクを取材して書かれた本にはこんなくだりがありました。

「うちの精子バンクはAさんで持っているようなものです。Aさんの精子は素晴らしく、イワシの大群のように卵子にまっしぐらに向かっていく」と、とにかくすごい精子であるというわけです。

どういう人物だろうかと思って著者が探すのですが、その男性は二股、三股は当たり前で、おまけに金銭トラブルを抱えて全米を逃げ回っていたんです（笑）。とうとうフロリダで麻薬の売人が巣くうような場所にいることを突き止めることができ、著者は会いに行ったそうです。ドアを開けると、「いやあ」と笑顔で出迎えてくれたのですが、四十歳近いのに、ブロンドのさらさらヘアで、青い目が非常にセクシーな、笑うと少年のような顔になる人だったということでした。

「はあ、こういう人が精子が優秀で、女性にモテるんだ」と納得するわけです。そんなわけで、いかにも男らしい男性よりも、ちょっと女性っぽい男性のほうが精子が優秀なのでモテるのではないでしょうか。

川村　それは面白い話ですね。

〝チャラい男〟の精子は〝質〟がよく精子競争で勝つ

竹内　ダメ押しとしてこんな話もあります。何年か前にテキサス州の石油王が九十代で亡くなりました。その奥さんは元プレイメイト（米国の雑誌『ＰＬＡＹＢＯＹ』各号に掲載される女性ヌードモデル）で三十代後半です。ダンナが亡くなってから、奥さんは子供を産みました。そして奥さん自身は麻薬中毒で亡くなり、赤ちゃんが残されたわけですが、さて、誰が父親なのか、大騒動になりました。何人もの男性が遺産欲しさに名乗りをあげたのですが、その中で最有力候補が彼女の弁護士、もう一人がテレビレポーターだった。

弁護士は外見からして堅物そうだった。テレビレポーターはナンパで〝チャラい〟男性でした（笑）。仕事もなくて困っていたくらいですが、結局、ＤＮＡ鑑定の結果、テレビレポーターの子供だということがわかったのです。

私は実はテレビレポーターに賭けていました。こういう男性こそ精子の質がよく、数も多い。一人の女に何人も男性が交わって、同時期に精子が卵を受精させる競争をしたら、つまり、精子競争というわけですが、この男性の精子が勝つだろうと。

川村　ごつい男性がいい精子を持っているわけではないんですね。

竹内　王子様系に女性がキャーキャー言うのも、質のいい精子を持っていることを本能的にわかっているからではないでしょうか。

川村　欧米人のほうが、睾丸が大きい男性が多いらしいですね。

竹内　睾丸サイズ（左右合わせて）は、モンゴロイド（アジア系）が平均約二十グラム、コーカソイド（欧米系）は約四十グラム、ニグロイド（アフリカ系）は約五十グラムです。ちなみに、チンパンジーは約百二十グラムです。彼らは乱婚的な婚姻形態をとっているので精子競争が激しく、これほどまでに睾丸が発達しているのです。

欧米人の理系の学者でハンサムな人は、たいてい一度離婚をして、次の奥さんとの間にまた子供をつくることを繰り返しています。

川村　テストステロンが多いからですね。

竹内　ニグロイドの次にコーカソイドが、病原体の脅威が強かった。モンゴロイドは、比較的、病原体の脅威は強くなかったのです。病原体との戦いの歴史を経て、ルックス、声、スポーツなどの魅力を手掛かりに、女がいかに厳しく免疫力の高い男を選んできたかで睾丸の大きさが変わっていったわけです。男性ホルモンのテストステロンは男の魅力を演出しますが、主に睾丸でつくられるので、睾丸の大きい順にカッコよかったり、スポーツができたりします。

川村　日本の男は、長い間の平和ボケで、フ抜けになったのかもしれませんね。

竹内　東洋系の男子は全体的に優しく、子供の世話をよくする傾向があると実体験からも思います。

「ジェンダーフリー」は間違っている

川村　今は、元気のないオスが日本中に増えているように思うんです。一体どうしたらいいんでしょうか。

竹内　昔は名簿が男女別に「あ」から始まっていたのが、男女混合になってしまいましたよね。

川村　それが戦後の民主主義教育というものでしょう。

竹内　あらゆるところでジェンダーフリーだと叫ばれるようになったんです。それは、政治的に正しいように聞こえますが、オスとメスでは論理がまったく違います。哺《ほ》乳《にゅう》類のメスは普通、一度妊娠すると、妊娠期間・授乳期間があり、頻繁に子供がお乳を吸っている間は発情しないし、排卵もしません。だから、次の子供ができない。

授乳期間が終わると、また排卵が開始されて、次の子が得られる。メスは年単位というわけです。

一方で、オスは極端な話、一度射精しても、すぐに次のチャンスが巡ってきます。子供ができるかどうかは別ですが、チャンスはいくらでもある。チャンスがいっぱいあるオスと、なかなかチャンスがないメスとなると、メスとしては同じ子供を産むのだったら、できるだけ質のいい子供を残したいと思うわけです。

川村　確かにそうなるでしょうね。

竹内　だから、非常に厳密に相手を選びます。それに対して、オスは数を打って、いつか当たればいいと考えています。だから、あちこちに手を出すのです。

川村　すみません……（苦笑）。

竹内　いえいえ、それでいいんです（笑）。選ばれるときもあれば、選ばれないときもあるでしょう。そういうものです。

川村　モテる男はつらい（笑）。

現代の教育ではイジメ問題が大きい課題の一つですよね。ところが、「イジメは教育現場からなくなる」と、文科省の連中は考えているようですが、絶対になくならないと、私は思うんですけど。

竹内 『サイコパス』（文春新書）の中野信子さんは「イジメはなくならない」と言っていますよね。仮想敵をつくるのと同じで、イジメの対象をつくることで団結するようになるのです。それは非常に大事なことで、本能的なことでもある。

キレイにイジメがなくなって、みんな仲良しになることはあり得ません。常に攻撃対象をつくらないといけないわけですから。

川村 だからこそ、イジメられたときにどうするかを教えるべきだと私は思うのですが、そういうことは、誰もはっきり言わないでしょう。

「ガキ大将」がイジメられっ子を守る

竹内 いろいろな小学校、中学校のホームページを見ると、必ず「わが校のイジメ対策があります」と掲載されています。これはどういうことなのか。

川村　小さいうちから、家庭や学校で「弱い者イジメは絶対にしてはいけない」とか「一人を大勢でイジメるような卑怯なことはするな」と教えることでしょう。イジメがあった学校に若い文科省の役人が視察に行くでしょう。テレビを見ていると、どの役人も吹けば飛ぶような印象しかない。子供になめられるような連中が偉そうな顔をして指導したとしても、何の効果もないでしょう。

竹内　今は「ガキ大将」という存在がいなくなったでしょう。ガキ大将がいると、正義の味方になって、イジメられている子を助けたりしてくれました。子供たちの問題は子供たち自身で解決していたのです。

川村　明治維新を引っ張った薩摩藩の郷中《ごじゅう》教育（武士階級子弟の教育法）は、ガキ大将を頂点にした体育会系のサークルみたいなものでしょう。

竹内　男の子はもっとケンカしたりするべきです。でも、今の小学校ではケンカはダメだと禁じている。それではガキ大将が生まれません。ケンカをして、力関係ができてガキ大将が生まれれば、陰湿なイジメはかなり防ぐことができると思います。

故・星野仙一さんは、子供の頃から非常に体が大きくケンカが強かった。上級生が同級生をイジメると、「何をイジメとるんや！」と上級生にケンカを売り勝っていたんです。ずっとガキ大将だったわけですが、その後、野球の世界に入り、名監督になった。ガキ大将がイジメられっ子を守って、それが社会のリーダーになり、日本を運営していくことが大切です。そんな人が、首相になれれば、すごく安心な社会だと思います。

もう一つ、私はヤンキーという存在を非常に重要視しています。勉強は嫌いだけど、頭が悪いかというと、むしろ良いほうです。個人で会社をつくって成功することも多い。

川村　野球の試合で乱闘になると、決まって「子供の教育上、好ましくない」という論者がいます。しかし、私なら子供に「よく見ておけ。大人が本気で仕事をするときは、ケンカになることもあるんだぞ」と言いますね。

ヤンキーと言えば、タレントのヒロミなんか、その典型ですよね。

竹内　ヤンキーを活躍させない社会は、良くないと思いますね。

川村　平昌《ピョンチャン》冬季五輪で活躍したスノボの銀メダリスト、平野歩夢《ひらのあゆむ》はヤンキーだと日本では批判されることもありますが、アメリカだと、男っぽい子としてデートしたいと思われているようです。彼は非常に動物的な目をしています。スノボはチャラいと思っていましたけど、誤解でした。

竹内　身長は低いですが、あそこまで回転できるのは空間認識能力が高い証拠で、それはテストステロンのレベルが高く、右脳が発達しているということでもあります。アメリカ人女性はそこを評価している。スポーツができる男性は非常にモテます。空間認識能力や骨格、筋肉の質の良さ＝精子の質の良さにつながっているからです。ミュージシャンもそうです。音楽もテストステロンや右脳の発達と関係していますから、多くの女性が嬌声《きょうせい》を上げるのです。

西郷《せご》どんとトランプは睾丸が大きい？

川村　西郷隆盛はどういう男、オスだったと思いますか。

竹内　男性にも女性にも人気があったような西郷さんは、オスとして優秀だったでしょう。

肖像画を見ても、縄文系の顔で、非常に凛々《りり》しく、目が大きい。日本人は縄文系と渡来系のミックスですが、概ね渡来系は新モンゴロイド、縄文系は古モンゴロイドに対応します。新モンゴロイドは氷河期時代の最盛期に、地球上で一番冷えたシベリアにいました。瞼《まぶた》が分厚いなど、寒さに適応した顔形をしています。

一方で、古モンゴロイドの縄文系はそうではありません。氷河期時代でもそれほど寒い土地に住んではいなかった。この両者の淘汰《とうた》の歴史の違いが長く続いており、縄文系のように病原体が蔓延している土地では、病原体に強く、免疫力の高いオスを求めないと、子孫がすぐに死んでしまうため、女性は厳しく男性を選びました。音楽ができる、スポーツができる、見た目のかっこよさの要素で選んできました。

まさにアフリカ系の人間は、音楽やスポーツに秀《ひい》でていますが、古来、アフリカの土地は病原体が蔓延していたからだと言えます。女性は、誠実さや真面目さ、子供をよく世話することを求めるよりも、とにかく免疫力が高く、質のいい精子を持った男の遺伝子が欲しいという一心で、選びに選んでアフリカ男性は進化を遂げてきたのです。

川村 西郷さんの睾丸は非常に大きかったという説がありますね。まさに、睾丸の大きいオスだったからこそ、人心を掌握して明治維新を成し遂げることができたと言えるかもしれませんね。

竹内　西郷さんの睾丸は病気のため大きかったという説もありますが、それとは別にそもそも大きかったと思います。日本人で言うと、縄文系にはアフリカ系に近い流れがあります。縄文系の子孫は格好いい場合が多く、九州地方や東北地方のような日本の周辺部にいる。近畿や中部は渡来系が強いので、美男美女が少ない（笑）。

川村　九州出身のミュージシャンやタレントは、本当に多いですよね。

竹内　熊本、鹿児島などの南九州には、「あなたは本当に純粋な日本人なのか？」と聞きたくなるような、西洋人に近い顔をした日本人がいます。俳優で言えば、谷隼人《たにはやと》さんや阿部寛さんとか。九州人の男性の精子の数が多いという研究結果も実際にあります。だから、ぴったり合っているんです。

川村　そういうことですか。

竹内　不倫についてもよく聞かれますが、不倫は単にペア同士とは違う人と交尾するだけなのに、わざわざ倫理に反するという価値観を導入しているのは、人間だけなんです。

川村　そうすると、トランプ大統領は非常に動物的な人ですね。

竹内　あれだけビジネスで成功している人ですから、女性が寄ってくるのは当然ですよ。

川村　トランプさんは「金正恩《キムジョンウン》のより俺のほうがデカイ」と言ったようですが、それも説明を聞くと、大いにうなずけますね（笑）。

竹内　核戦力でも睾丸でも、金正恩は勝てないと思いますけど（笑）。

同性愛者は四%も確実にいる

川村　最近はテレビを見ていると、同性愛的志向の強い人が活躍しているような気がします。LGBT（L＝レズビアン、G＝ゲイ、B＝バイセクシュアル、T＝トランスジェンダー＝体と性が一致しない人、の略）系の人たちが増えているように見えるのは、何か傾向があるんですか。

竹内　増えているというよりは、表に出るようになった、あるいはテレビ局のこういう人々を差別していませんよ、というポーズのためではないかと思います。
保守系の人たちは、性的マイノリティの人たちを快く評価していませんが、動物学の観点からすると、人間だけではなく、哺乳類にはほかの動物でもＬＧＢ（「Ｔ」の存在は動物の場合は確認が難しいため不明）のような存在がたくさんいます。
川村　『同性愛の謎　なぜクラスに一人いるのか』（文春新書）でお書きになられていましたが、まったく特別なことではないんですね。
竹内　たとえば、ヒツジの中には一生オスだけと交わるオスもいます。人間で家系調査をしたところ、男性同性愛者の母方の女が、男性異性愛者の母方の女に比べ、非常によく子を産んでいるという事実がわかりました。そのため男性同性愛者が子供をつくらなくても、男性異性愛者の家系との勢力の均衡が保たれている。
川村　だいたい四％に落ち着くわけですか。
竹内　そうです。増えもせず、減りもせず、四％も確実に存在するということは、そこに生物学的に意味があると言えます。
そういう背景を知ってもらえたら、性的マイノリティに対する見方がだいぶ変わると思います。

川村　仰るとおりです。

竹内　もしかすると男性同性愛者の家系では、女性ホルモンのエストロゲンのレベルがちょっと高いのではないでしょうか。エストロゲン（女性ホルモンの代表格で女性の魅力や生殖にかかわる）のレベルの高さは妊娠のしやすさと対応することがわかっています。だから多産であると。そして、男性としてはエストロゲンのレベルの高い男性が出てくる。それがゲイと言われる人たちだということです。彼らのお肌の美しさを見るとますますそんな気がします。エストロゲンは肌を美しくしますから。ともあれ、少なくとも男性同性愛者はその家系の繁殖戦略の一部であり、その現れではないか、と思います。

個体だけを見ずに、家系全体で見ることが大切です。ゲイの人たちの何人かと会って話したことがありますが、母親が非常に美人で、格好いいことが多いんです。モデルや女優だったりする。やはり、ますます女性ホルモンのレベルが高い家系ではないかと類推できます。

川村　不思議な話ですね。

竹内　レズビアンの人とも話しましたが、非常に高い確率で女優並みにキレイな人が多いのです。そうすると父親がテストステロンレベルの高い、つまり、格好いい男性である可能性が高い。ゲイとは裏返しの関係ではないでしょうか。

川村　「ゲイには優れた芸術家が出ているけど、レズにはいない。理由はわからない」と、『両性具有の美』（新潮文庫）をお書きになった白洲さんは言っていました。

竹内　レオナルド・ダ・ヴィンチや、三島由紀夫、フレディ・マーキュリーなど、ゲイの人たちは才能とセットで語られることが多い。才能があるから、一族が繁殖していくのかと思っていた時期がありました。ところが、さまざまな例を見ていくと、必ずしもそうではないことがわかってきたのです。

川村　どうやら日本人は哺乳類であることを思い出して、子育てや後継者の育て方を肉食獣や草食獣に学んだほうが良さそうですね。動物の生き方は参考になることが多いので、まだまだお話をお聞きしたいです。

竹内　よろしくお願いします。

「日本型リベラル」の真相は何か

竹内久美子

「日本型リベラル」と呼ばれる人々をご存じだろうか。共産主義、社会主義が失敗に終わり、所詮は絵空事でしかなかったと判明した今でも、その思想にしがみついている人々。日本に特有の存在である。

思想に沿わなければ妨害する

単にしがみついているだけなら、個人の自由だ。問題なのは彼らが、自分たちの思想に沿わせるために、思想に沿わない事柄に対し妨害行為をとるということだ。

こういう「日本型リベラル」は、政治や文系の研究分野にのみ存在すると思われているようだが、そうではない。私が長年学んできている、動物行動学、進化生物学の分野にも存在する。しかもその言論活動の活発さのために、あたかもこの分野を代表する考えであるかのようにとらえられており、大いに迷惑している。

ここではこの分野の大半の人間は「日本型リベラル」ではないことを明言したうえで、なぜ日本には特殊とも思える考えの人々が存在するのかを考えたい。

その前に、私が関係している分野における実態を見ていただこう。「日本型リベラル」の研究者は科学的事実よりも思想を優先させるために、こんな〝捏造《ねつぞう》〟をする。以下はメディアに頻繁に登場する、ある人物の発言だ。

「人間の歴史上、婚外交渉がながらく重要な働きをしてきたのか、現在でも実際にしばしば精子間競争の状況があるのか、くわしいことはよくわかりません」

精子競争（精子間競争ともいう）とは卵（卵子）の受精をめぐって複数のオスの精子が争うこと。人間ではたいていの場合、浮気において起こる。つまりこの発言によれば、人間では過去はともあれ、現在でもしばしば浮気が行われているかどうか、詳しいことはよくわからないというのである。

そんなわけないじゃないか、浮気なんて日常茶飯事だ、と多くの人が思うだろう。「キンゼイ報告」をはじめとする、どんな性の実態調査であっても、皆一様に浮気はかなり頻繁に行われていることが示されている。しかし浮気などというものはあってはならないという思想のもと、こんな〝捏造〟がまかり通るのである。

人間を研究することを許さない

さらに、同じ人物による隠蔽《いんぺい》の例を挙げるとすると、カンジャール族という流浪の民の研究の紹介である。カンジャール族では女の子が生まれると「やったあ」と大喜びになるが、男の子だと皆がっかりする。なぜか。女の子は将来、大道で歌や踊りを披露してお金を稼ぐからである――。

何かおかしい。その程度の理由で大喜びできるだろうかと、原著論文を読んでみると、カンジャール族の主たる収入源は売春だった。さらに言えば、それくらいのことをしなければ、流浪の民が生きていくのは不可能だということである。

だが「日本型リベラル」の研究者にとって、売春などあってはならない、売春は女性差別の最たるもの、として隠しておきたいのだろう。

「日本型リベラル」の研究者たちはまた、人間を研究することを許さないとして長年、研究妨害を続けてきた。そのため、日本では人間の研究が著しく出遅れてしまった。人間について明らかにされることが、よほど都合が悪いのだろうか。

テストステロンのレベルが低い

さて、ようやく本題に入るとする。共産主義、社会主義では何より「貧富の差がないこと」や「平等」が重要視される。どちらも反論の余地のない、「政治的に正しい」主張のように思われる。しかし、こういう思想に強く惹《ひ》かれる男がいるとしたら、そこにはこんな理由が隠されているのではないだろうか。

自分は稼ぎが多くない。稼ぎのいい男が女にモテるのはけしからん。自分は男としての魅力に欠け、女が寄り付かない。こういう自分にも「平等」に女を分け与えよ！

共産主義、社会主義とは要は女にモテない男にとって、このうえなく心地よい響きを放つ存在なのではないだろうか。

そしてわざわざ「日本型リベラル」と名づけられるほど、日本に共産主義、社会主義に惹きつけられる人間（特に男）がなぜ多いかだ。それはまず日本人の男が、欧米やアフリカ系の男と比べ、男性ホルモンの代表格であり、男の魅力を演出する、テストステロンのレベルが一般的に低いため、普通は彼らほどには男としての魅力がないからではないだろうか。

だから日本人の男のなかでも、テストステロンのレベルが比較的高い男は、男として魅力的で浮気もしがちになるだろう。

しかし、テストステロンのレベルが比較的低い男は、男の魅力に欠けるし、浮気もしない（浮気したくても女に相手にされない）。この後者の男たちが、共産主義、社会主義にこのうえなく惹かれ、「日本型リベラル」と呼ばれる特有の存在となる可能性がある――それが真相ではないだろうか。

（産経新聞二〇一八年三月二十八日付。一部を改変）

動物学で日本型リベラルを看ると――
睾丸が小さい男はなりやすい!!
政治から学界まで本能の為せるワザ

竹内久美子

ヒトの本能的な浮気を隠す研究者

政治などの世界だけでなく、私が関わっている、動物行動学、進化生物学などの分野にも日本型リベラルの科学者が多数存在する。しかも彼らの言論活動があまりにも活発であるために、あたかも彼らの意見が、この分野の研究者の総意であるかのように伝わってしまうことがあり、はなはだ迷惑している。

たとえばこの分野の代表者としてよくメディアに登場する、ある研究者はこんなことを言っている。

「人間の歴史上、婚外交渉がながらく重要な働きをしてきたのか、現在でも実際にしばしば精子間競争の状況があるのか、くわしいことはよくわかりません」

精子競争（精子間競争ともいう）とは、卵（卵子）の受精を巡って複数のオスの精子が争うこと。最もよくおこりうるケースは、浮気だ。つまり、現在、人間において浮気がしばしば行われているかどうか、よくわからない、というのである。

この主張の根拠はどこにあるのだろう。有名なキンゼイ報告（男版が一九四八＝昭和二十三＝年、女版が一九五三年に発表された）をはじめとする、いくつもの性に関する調査によれば、現代社会で浮気は確実に、それも相当頻繁《ひんぱん》に行われている。浮気がしばしば行われているかどうか、わからない、などと結論する調査報告は一つとして存在しないのである。

とは言うものの、男にも女にも、浮気をよくするタイプとほとんどしないタイプという二つの勢力が存在することがわかってきている。そうすると、この研究者の周囲には浮気をしないタイプが多いということなのだろうか。

しかし、もしそういう身近な例だけから、浮気の事実が確認できないとするのなら、それこそ科学的な態度とは言えないだろう。願望でしかない。

本能的な商売・売春をも隠蔽

私は人の悪口を言うことを好まないが、この分野では事実と違うことが〝事実〟とされたり、せっかくの研究内容が改竄《かいざん》され、また隠蔽《いんぺい》されて伝えられたり、人によっては研究妨害を受けるという、あってはならない事態が起きており、その実情を知ってもらうべくもう少し具体例を続けたい。

同じくこの研究者は、海外の研究者の研究を、おおよそこんなふうに紹介している。

カンジャール族という、パキスタンを中心に放浪生活を送っている民族がいる。彼らの主たる収入源は、女が大道で歌や踊りを披露するとか、粘土細工や紙細工のおもちゃや人形をつくって売ることである。よって女の子が生まれると、「やったあ」と大歓声が起き、飲めや歌えやの大騒ぎ。ところが男の子が生まれると、「なんだ、男か」とがっかり。鐘の一つも鳴らない……。

私はこれを読んで？マークが二つ、三つと点灯した。

女の子が生まれたとしても、その子が将来、歌や踊りでお金が稼げるほどの才能を持っているかどうか、わからないではないか。女というだけでは喜べないはずだ。これはたぶん、女であるならどんな女でもOKである、女でありさえすればお金を稼ぐ道につながるということであり、そうであるからこその大歓迎ではあるまいか。また歌や踊り、小物の販売程度のことで流浪の民が暮らしていけるはずもなく、何か隠されているのではないだろうか。

そうして原著論文を読んだところ、予感は的中。カンジャール族の一番の収入源は売春だった。物乞いもあった。確かに歌や踊り、小物販売も示されていたが、そんなことは大した収入源にはならない。売春で食いつないでいるからこそ、女の子が生まれると万歳！　男の子だと、「なんだ、男か」なのである。

自身の研究がこんなふうに肝心な部分を隠蔽されて紹介されていると著者が知ったら、どれほど憤慨することだろう。

自分の思想に合わない研究は妨害

もう一つ、どうしても私が許すことができないのが、日本型リベラルの科学者たちが、気に入らない研究、自分の思想にあわない研究を嘲笑する態度である。一九九〇年代初めから二〇〇〇年代半ばにかけて、進化生物学の分野ではシンメトリー研究が盛んに行われた。動物の体は本来、左右対称《シンメトリー》に発達すべきだが、様々な理由によって完全な左右対称にはなかなか発達しない。数ミリくらいの単位で違いがある。そういう左右対称の発達の妨げとなる最大の原因が、病原体に感染することである。

ということは体が完全な左右対称に近い発達をしていればいるほど、その個体は病原体にほとんど感染しなかったか、感染しても軽くてすんだとか、とにかくその個体の病原体に対する抵抗力、つまりは免疫力が高いことを意味するだろう。

そのようなわけで、人間、昆虫などで盛んにシンメトリーの研究が行われたのだ。

ここで肝心なことは、人間も昆虫も、体の左右の対称性自体を見てはいないし、見てもわかるような違いではないということである（シンメトリーは、研究者たちが免疫力の高さの指標となるものはないかと探した結果、見つけただけである）。

しかしながら、見てもわからないシンメトリーを見抜くための手掛かりならある。それこそが魅力となっているものだ。

人間ならルックスの良さ、声の良さ、筋肉質の体、昆虫なら匂いなどである。

また、動物はメスがオスを選ぶのが原則なので、左右の対称性が問題になるのは主にオス（男）においてである。

シンメトリーの研究は確かに〝差別〟につながる危険性をはらんでいる。左右対称に発達していないオスは、免疫力が低いのでメスに選ばれにくいというわけなのだから。

しかしながら科学の本質は、危険なものを避けたり、目をつぶったり、見て見ぬふりをすることではない。どんな残酷な実態であっても、目をそらさずに直視する。どういうことになっているか、調べ、知る。そのうえで、次にどう対処すべきかと考えることにあるはずだ。

やはりまたこの研究者はシンメトリー研究に対する発言として、「これで、対称性のゆらぎの話はおしまい。九〇年代の一種の流行だったのですが、線香花火のようにいっときぱっと広がり、今やもう影をひそめてしまいました」という。

要は、一時の流行であったに過ぎず、今となっては意味はなくなっていると言いたいらしい。しかし一つの分野が十数年にもわたって盛んに研究されれば、主要な論文が出尽くすのは当たり前である。流行が終わったのではなく、やるべきことがやり尽されたのである。

ちなみに発言の中にある「対称性のゆらぎ」とは、完全な左右対称からどれほどずれているかの意味で、このずれが小さいことが免疫力の強さの証であり、メスに好まれるわけである。

私の師である日高敏隆先生（故人）、そして私を散々批判し続けてきた、筋金入りの左派、I氏（故人）は、大々的な研究妨害をしてきた。即《すなわ》ち、日本ではシンメトリー研究も、人間について研究することもまかりならぬ、と。

たとえば海外で人間のシンメトリー研究が次々と発表されている時期に、日本では人間はもちろんのこと、昆虫でもほとんどシンメトリー研究は行われていない。ある男子学生は、人間の研究をしたいと意気揚々と大学院に進学したものの、I氏やI氏の配下の者たちに研究を阻まれ、まったく別の分野に鞍替えせざるを得なかったほどである。

捏造・改竄も横行の学界に見切り

日本型リベラルの科学者たちは、科学的事実よりも思想や理想を優先させる。そのためには捏造《ねつぞう》、改竄《かいざん》、隠蔽《いんぺい》もいとわない。研究妨害もする。実を言うと学界のこのような現実を知ったことで私は「学者」になることをやめたのである。こういう連中とこの先何十年も付き合っていたら、人生を棒に振ることになると思ったからだ。

ともあれ、なぜ日本には共産主義、社会主義が幻想にすぎないことがわかってもなお、その「理想」と「思想」にしがみつく人々がいるのだろう。

さっそくその本題に入りたいところだが、その前に、理想と思想が科学的事実よりも優先されると、まるで魔女狩りのような悲劇が起きるという例が、他ならぬ生物学の世界において起きているのでぜひ知っていただきたい。

旧ソ連、スターリン時代のロシア、一九三五年のことである。生物学者のトロフィム・ルイセンコは、小麦を湿《しめ》らせたうえで低温に何日かさらすと、春蒔《ま》き小麦が秋蒔き小麦に、あるいは秋蒔き小麦が春蒔き小麦に性質が変わると主張した。この、小麦の性質が変わること自体は間違いではない。ただその際、遺伝子自体に変化が起きるわけではないのだ。

ところが、彼はこの現象の説明として低温によって遺伝子に変異が起き、なおかつその変異が遺伝するとした。つまり、獲得された形質が遺伝するというわけである。獲得形質が遺伝するというのは大きな間違いである。それは既に十九世紀に証明されている。ドイツのアウグスト・ヴァイスマンはマウスの尾を何世代にもわたり切り続け、一説には九百匹以上もの個体で切ったが、一匹たりとも生まれながらに尻尾が切れた個体は現れなかった。

つまり、尻尾が切れているという後から備わった性質（獲得形質）は遺伝子に何ら影響を与えないし、当然のことながら子に遺伝するものでもないのである。

人間がいかに体を鍛え、筋肉隆々になったとしても、その人の子は生まれながらに筋肉隆々というわけではない。親と同様になるには、本人も鍛える以外にないのである。

しかしながら獲得形質が遺伝する、つまり努力すれば、それがそのまま子に報われるという考えは共産主義、社会主義にとって大変都合がよく、ルイセンコはスターリンに重用された。ルイセンコはまた、その農法によって小麦の増収も見込まれるとの期待も抱かせた。

そして当然のことながらルイセンコ派と、メンデルを祖とする正統派の遺伝学者たちとの間には激しい論争が勃発するようになったが、何とルイセンコ派は年々論争に勝利するようになった。正統派遺伝学は「ブルジョア理論」として否定されてしまったのである。

これだけでも十分な事件だが、時はスターリンの独裁と粛清の真っただ中である。正統派遺伝学者たちは処刑されたり、投獄され、獄中で死亡したりし、一説には七十人以上が粛清されたという。正統派遺伝学者を代表する、ニコライ・ヴァヴィロフは処刑は免れたものの、獄中で死亡している。

その後、一九五三年にDNA二重らせん構造が解明され、続いて怒涛《どとう》のように行われた遺伝子の機能解明の研究によってルイセンコ派は次第に劣勢となった。しかしルイセンコはスターリンが没した一九五三年の後には、何とスターリンとは敵対関係にあったフルシチョフに取り入り、その庇護《ひご》を受けた。

この間、ソ連の農業は何ら成果を残さなかったし、中国、北朝鮮もその思想からルイセンコの農法を取り入れ、同様の結果に終わった。

ルイセンコの学説は日本へは一九四七（昭和二十二）年にもたらされ、左派の学者たちが飛びつくとともに、正統派遺伝学者たちとの不毛な論争に発展した。

しかし日本では正統派遺伝学者が粛清されることもなく、幸いなことに新しい農業技術の下《もと》、ルイセンコの農法が取り入れられることもなかった。

モテない男が癒される共産思想

さて、共産主義、社会主義が幻想とわかった今でも、なぜ日本には日本型リベラルと呼ばれる左派がいて、理想を追い求め続けているか、という問題だ。

一つには彼らには理解できない、あるいはピンと来ない、一度覚えた思想を修正できない、といったこともあるかもしれない。

しかし、もっと根深いところでは、彼らには共産主義、社会主義の思想がとても心地よく聞こえるとか、心身にフィットするために、どうしても手放すことができない、ということではないかと思う。

共産主義、社会主義が追い求める理想は、「貧富の差がない」とか「平等」である。一見したところ、反論の余地がないかのような主張だが、私にはこう聞こえる。

「稼ぎのいい男がいるのは、けしからん」「女にモテる男がおり、女の人気が一人の男に集中するのはけしからん」

「貧富の差」とは、稼ぎがよいことで女にモテる男と、そうでない男（自分たち）がいるということであり、そういう差があってはならない。

「平等」とは、女が一人のモテる男に集中するのはけしからん、モテない自分たちにも平等に女を分け与えよ、の意。

要は、共産主義、社会主義とは、経済的な問題にしろ、男としての魅力の問題にしろ、女にモテない男たちにとって都合のいい思想であり、そういう男たちにとっては、「貧富の差がない」や「平等」という言葉は、この上なく心地よく聞こえるのではないかと思う。

睾丸が小さいとイクメン度高い傾向

では、そのことと日本型リベラルとがどう関係するのかだが、まずは聞いて欲しい。三大人種によって平均の睾丸の重さ（左右あわせて）がこれほど違うということである。

ニグロイド（アフリカ系）五〇グラム、コーカソイド（欧米系）四〇グラム、モンゴロイド（アジア系）二〇グラムである。我々モンゴロイドはコーカソイドの半分でしかない。

ちなみにチンパンジーは一二〇グラムもあるが、それは彼らの社会が乱婚的だからである。チンパンジーは、数頭のオスと数頭のメス、そしてその子供たちからなる数十頭から百頭くらいの集団で暮らしており、メスが発情すると、どのオスも交尾に意欲を燃やし、メスもまた来るものを拒まず、交尾する。

こういう乱婚的社会では、オスはいかに多くの、しかも質のよい精子を製造するかが子孫を残すか否かの分かれ目になる。よって精子の製造元である睾丸が発達したのである。

人間は乱婚的な社会をつくっているわけではないが、パートナーがいながらも浮気することがある。その浮気の程度が三大人種の睾丸の大きさの違いとして現れているというわけである。つまり、我々モンゴロイドは最も浮気が起こりにくい人種ということになる。

また同じ人種の内でも、個体差というものがある。

一九九〇年代に、イギリスのロビン・ベイカーらは、ノギス（長さを精密に測定する測定器。本尺と副尺があり、その目盛りの差を利用して測定する。外側、内側、深さ、段差などが測定可能）のような計測器によって男性の睾丸のサイズ（左）を測定した。縦と横の長さを測り、全体を回転楕円体として体積を算出したのである。

他方で、それらの人物を良く知る人々に、彼の女性関係について聴取する。すると、睾丸サイズの大きい男は、女性関係も派手であり、モテるという傾向があった。

二〇一三年には、アメリカ、エモリー大学のジェニファー・マスカロらが、睾丸の大きさとイクメン度との相関について研究している。

睾丸のサイズはＭＲＩ（核磁気共鳴画像法。磁石と電波を利用して、人体の断面像を撮影する。病変の検出のために使用する）で測定する。また、イクメン度については二十四項目について一から五までの五段階評価で本人が答えることで測る。たとえば我が子を予防接種にどれほど自分で連れていくか、いつもなのか、ときたまなのか、お風呂に入れる件についてはどうか、といった問いだ。

さらには我が子の写真を見たときに、脳の報酬系がどれほど興奮するかを、脳機能《ファンクショナル》ＭＲＩ（脳や脊髄の血流動態を画像化する）によって測定する。

すると、睾丸の小さい男は、子の世話をよくし、イクメン度が高い。しかも我が子の写真を見たときに脳の報酬系がよく興奮する傾向にあるのである。

サイズが小さい日本人男にフィット

こうして見てくると、日本人の男というのはまずは総じて世界でも睾丸のサイズが小さい人々であると言える。

共産主義、社会主義は睾丸サイズの小さい、つまり女にモテない男にフィットした思想であると私は考えるが、日本人の男は睾丸サイズの小ささという点においてそもそも、これらの思想に惹かれやすい要素を持っていると言えるだろう。

共産党が未だに存在する国でよく知られるのが、中国、北朝鮮、ベトナム、そして日本だが、それはいずれもモンゴロイドの国であり、男の睾丸が小さい傾向にあるからではないだろうか。

キューバも共産主義の国で、人口の四分の一がスペイン系、半分がスペイン系とニグロイド系の混血、残りがニグロイド系で、男の睾丸サイズ自体は小さくはないはずだ。但し、かの地は冷戦時代にアメリカに対峙していたという地政学的な問題があるために、共産主義となっているというのが実情だろう。よって本物の共産主義ではない、〝なんちゃって共産主義〟のようなものではないかと思う。

そして日本人の男にも個体差がある。比較的睾丸が大きく、浮気などに精を出し、女にモテるタイプ（実は浮気に成功するということは、大変ハードルの高い技である。

女はパートナーよりも魅力のある男としか浮気しないのだから）と、睾丸が小さく、浮気などせず、ひたすら妻と子にエネルギーを注ぐタイプがいるはずだ。

特にこの後者の男たちが未だに共産主義、社会主義が幻想にすぎないことを実感せず、むしろそれらの思想に心地よさを感じ、世界的にも珍しい、日本型リベラルと呼ばれる勢力の核となりやすくなっているのではないだろうか。

日本共産党では浮気が発覚した党員は事実上除名となるという、他の党では考えられない厳しい結末が待っているそうだ。

これぞ共産主義思想が、睾丸が小さく、女にモテず、浮気に成功することなどありえない男たちが惹かれる思想であることの証左ではないだろうか。浮気した党員は「俺たちにはできないことをよくもやってくれたな、よって仲間ではない」ということで除名となるのだろう。

現実を見ないフェミニストとセット

ともあれ日本型リベラルの男を発見したなら、彼はまず間違いなく、女にモテないタイプであること、おそらくは睾丸が小さく、子供の世話などをせっせと行うイクメンタイプであること、そして女房の尻にしっかりと敷かれた恐妻家であることなどが予想される。

彼らは思想のためには捏造、隠蔽、改竄といった小細工もいとわず、研究の妨害などもして迷惑千万であるが、そういう男たちであると考えれば少しは怒りが収まる。冷静に考えるなら、哀れであるとも思えてくるのだ。

また、女性で日本型リベラルとはどんな存在であるかだが、まずはパートナーが日本型リベラルであり、その影響を受けている可能性がある。もう一つには本人が元々フェミニストなのではないだろうか。

フェミニズムは性による差別から女性を解放し、男女同権を目指すものだが、差別とか同権という前に、そもそも男と女では論理がまったく違うということを知らなくてはいけない。

人間も含めた動物界は、メスがオスを選ぶのが原則である。この点からして既にメスに主導権があるのは明らかだ。もっとも動物界を見渡さなくても、少しばかり社会経験をつんだ女なら、社会を動かしているのは女だと、たちまち看破できるはずである。

要はフェミニストとは女は差別されているという先入観を持ち、現実を見ず、見たくない人々。この点で思想や理想を事実の前に置く、日本型リベラルとよく似ている。

どうやら日本では日本型リベラルとフェミニストはセットとなって存在し、政治の世界、学問の世界で害をなす存在となっていると思われるのである。

（『別冊正論』31号より転載。一部を改変）

第二講

女の浮気は、かくも恐ろしく罪深い

「浮気」を「不倫」と呼ぶな

川村　昨今、「ゲス不倫だ」とか何だとか、「不倫」が週刊誌を賑わせています。「不倫」という概念が生まれたのは、そもそも一夫一婦制が日本で導入されてからのことでしょう。それ以前は、妻と妾が同じ家の中で暮らすという「妻妾同居《さいしょうどうきょ》（妻妾同衾《さいしょうどうきん》）」なんていう言葉もあったくらいですから。

竹内　私は「不倫」という言葉が嫌いなんです。単なる「浮気」に「倫理に反する」という価値観を導入しているのは人間だけですから。

だから三十年前、『浮気人類進化論　きびしい社会といいかげんな社会』（文春文庫）という本を書いたんです。

川村　古典的名著ですね（笑）。男女の〝道ならぬ関係〟に変な道徳観念を持ち込んではいけないいんですね。

竹内　浮気がいいか悪いかという価値観を導入するのは変でしょう。「浮気」は、動物学では、「ペア外交尾《こうび》」と表現されます。ペア内の交尾と、その外での交尾を区別することがある。

ただ、人間は非常に特殊な生物です。なぜなら、一夫多妻でも、一夫一妻でも、その夫婦がしょっちゅう別行動をとるのは、哺乳類の中では人間だけだからです。

川村　そうなんですか。

竹内　ほかの哺乳類は、夫婦になったら、ずっと一緒に行動します。

川村　なぜですか。

竹内　そうしなければ、メスがほかのオスと交尾をする恐れがあるからです。だから、オスは必死になってガードしている。そういう自然界の常識とは裏腹に、人間はなぜか別行動をとります。

そうなると、浮気が発生するのは当たり前でしょう（笑）。だから浮気はいけない、倫理に反するというのは、言葉によって他者をコントロールできるようになった人間に特有の価値観であり、単に浮気に成功できない、冴えない男たちのプロパガンダではないかと思うのです。

川村　そういうことですか。ただ、人間でも農村社会では、あまり別行動をしませんよね。

竹内　農村の場合は、割と最近まで夜這《よば》い文化がありました。『夜這いの民俗学・夜這いの性愛論』（ちくま学芸文庫）の著者である赤松啓介氏のような民間の民俗学者は、村落共同体がうまく機能するために必要なシステムだと評価しています。

川村　そうなると、君子危うきに近寄らず。なんとも言えませんね（笑）。

竹内　ただ鳥は人間と似た行動をとります。鳥類の九割が一夫一妻で、一緒に巣をつくり、卵を産んで温めて、ヒナにエサを与えます。ですが、巣材やエサを探しに行くとき、別行動になる。だから、浮気が発生してしまうのです（笑）。

川村　へえ、そうですか。〝トンでる〟んですね（笑）。

竹内　一九八〇年代後半から九〇年代前半にかけて、鳥の浮気の研究が大変盛んに行われました。血液を採取して、ＤＮＡフィンガープリント法という方法で分析すると、親子の関係が簡単に識別できるようになった。それで、鳥の浮気の実態がどんどんわかるようになったのです。

オシドリは浮気鳥だった!!

川村　どういうことがわかったのですか。

竹内　鳥の多くは、オスのほうが美しい羽を持っているでしょう。また、歌を歌ったり、軽快なダンスを披露して求愛する。つまり、自分の遺伝的な質の良さをどんどんアピールしてメスに選んでもらうわけです。一方で、メスの多くは非常に地味な色合いをしています。

このように、オスとメスの差が大きい鳥ほど、浮気をよくすることがわかったんです（笑）。浮気を通じて、メスは自分の夫よりも質の良いオスの遺伝子を取り入れています。だから、どんどん息子も美しいとか、歌がうまいとか、ダンスが上手になっていくんです。

川村　じゃあ、オスとメスの色合いにあまり差がない場合は、浮気はしないんですか。

竹内　ほぼしないと思います。ハクチョウのような大型の水鳥ではオスとメスの姿に差はありませんし、浮気もほとんどないというデータがあります。オスがやたらとキレイで、派手な種ほど浮気は盛んです。

「おしどり夫婦」という言葉がありますが、実際のオシドリを見ると、非常にキレイな姿をしているのはオスのほうで、イチョウ羽という鳥類ではほかに見ない特徴的な羽を持っています。

川村　何やら、非常に怪しい存在ですねえ（笑）。

竹内　ええ、「鴛鴦《えんおう》の契りを結んで、生涯浮気せず」と思われていたオシドリだったんですが、実態はまったく違う。少なくとも毎年、相手を変えて交尾をしている。

それと、未確認ですが、おそらく浮気もしています。

川村　「おしどり夫婦」は実在しないんですか（笑）。妙にホッとしますねえ（爆笑）。

竹内　私が知るうちで、一番浮気が盛んな鳥は「ルリオーストラリアムシクイ」です。オスの写真を見るとわかりますが、超絶的に美しい姿をしています。ところが、巣の中のヒナを調べてみると、自分の子供ではない子がいる確率が一番高かった（笑）。その数値は、なんと七八％！

川村　エエッ！　ほとんど自分の子供じゃないんですか（笑）。

竹内　派手な格好をしていると、捕食者に狙われやすいというリスクも高くなります。でも、そのリスクを冒してでも、メスに選ばれて交尾をしたい。ただし、見栄えが良くなるのは一般に繁殖期だけです。そのとき以外は、基本的に地味な姿で過ごしています。

川村　勝負どころを知っていて、無駄なことはしないんだ（笑）。それが自然の本能なんですね。

巧妙な女性の浮気の手口

竹内　浮気はオスの専売特許と思われがちですが、そうではありません。メスだって浮気をします。ただ、メスの場合は、自分の亭主より質のいいオスでないと浮気をしません。考えてみてください、自分の亭主より劣っているオスと、わざわざ高いリスクを冒してまで交尾する必要がありますか（笑）。

川村　人間もそうでしょうね。

竹内　そうです。だから、浮気が成就できるというオスは、メスから見て非常にレヴェルが高いんですす（笑）。川村さんは浮気に成功されたんですよね（笑）。

川村　いやあ、どうだったか……訴追の恐れがありますから……（笑）。とにかく、女はいつまでたっても忘れない動物ですからね（苦笑）。

竹内　男と女の浮気――どちらが罪が重いかというと、実は女の浮気です。この件については後で詳しく説明しますが、とにかく男は常に目を凝らして「浮気ができないかな」と思っていますが、女は「この人だ」と決めたら、一発で仕留められるくらいの〝巧妙な手段〟を駆使して浮気をし、その男の遺伝子を取り入れるんです。

川村　へえ、実に興味深い。〝巧妙な手段〟というのは、具体的にどういうことですか。

竹内　自分の排卵期に、浮気相手と亭主両方と交わり、アリバイ工作をするんです（笑）。しかも女は浮気相手の遺伝子を欲しているわけだから、浮気相手とは妊娠する確率がより高い日を選びます。こういうことは　すべて無意識のうちの行動なんです。

また、ＨＬＡ（ＭＨＣともいう）という、臓器移植の際などに問題になる、細胞の表面にある免疫の型が六種あるのですが、女は排卵期には匂いによって、自分の型となるべく重なりのない相手を選ぶこともわかっています。

どうしてそんなことがわかるかと言いますと、型の重なりが少ないと良い匂いに、多いと良くない匂いに感じられるからです。子供にはなるべくHLAの型にヴァリエーションをつけたほうが、病原体などに対抗する力を与えることになります。だから、匂いの良さによって型の重なりの少ない相手を選ぶのです。HLAは相手との相性の問題なので、どんな型を持った男がモテるという話ではありません。

川村　女性の本質を突いている気がしますね。女性とネコの本心は永遠に謎だと私は思っているんですが、女性の恐ろしさを、あらためて感じます（笑）。

竹内　一方で、夫とは妊娠する確率が低い日に交わります。また、浮気相手はそもそも質のいい男ですから基本的に精子の質もいい。夫と精子競争をさせても受精する確率が高いんです。

ある学者によると、「浮気相手九：夫一」の確率で子供ができる。まあ、それでも夫の精子が勝った場合は致し方ありませんが（笑）。

川村　致し方ないは、夫に失礼でしょう。それにしても、とんでもない話ですね（笑）。

女性は無意識的に優れた遺伝子を求めているんですね。

竹内　しかも無意識だから、夫の前で浮気している自覚があまりないのでバレにくい。もし罪悪感を覚えていたら、挙動不審になってすぐわかってしまうでしょう。

川村　男は、その点、非常に不器用でバカ正直です（笑）。問い詰められたとき、小鼻がピクつくとか、普段はあまりしない反応をしてしまう。

竹内　実体験がおありだから、お話に迫力がありますね（笑）。いつもと違う香水の匂いが漂うことでバレることもある。

川村　そういうときは、消臭剤を使わないといけないな（爆笑）。女へンに鼻の「嬶」という漢字は日本人の発明ですけど、女は鼻が利《き》くものなんですね（笑）。

竹内　たとえば結婚している女性が、夫とは別の男性と交わり、子供ができたとします。そうなると、女は巧妙にその事実を隠しますから、「あなたの子よ」と言って、今の夫に子供を育てさせる。その事実を知らないままだとすると、夫にしたら大変な損害ですよ。女の浮気が罪深いというのは、そういうことです。

それに対して、男が浮気をして子供ができても、相手に夫がいれば同じように騙されて子供を育ててくれるかもしれません。そうすると、浮気をしたほうの男も、浮気をされた女のほうも、何も損をしない。

川村　男の浮気と女の浮気では、大変な違いがあるわけですね。

『恋に落ちて』に見る男女の浮気観の違い

竹内　それを裏付ける面白い研究があります。アメリカで実施されたのですが、学生に二つの質問を投げかけました。

一つが「あなたの彼氏（彼女）が、異性と情熱的なセックスをしている状況を思い浮かべてみてください」。

もう一つが、「あなたの彼氏（彼女）が、異性と心の深いところでつながっている状況を思い浮かべてみてください」というもの。

「どちらも嫌でしょうが、より嫌なほうはどちらですか」と、学生たちに聞いてみたんです。

川村　面白いですね。男子学生はどちらが多かったんですか。

竹内　体の関係のほうだったんです。一方で、女子学生は、心がつながっているほうを嫌がりました。

川村　なぜでしょう。

竹内　男子が体のつながりを嫌がるのは、恋人が知らぬ間に別の男性と子供をつくり、知らぬ間に育てる羽目になるかもしれないと、本能的に恐れているからです。

女子の場合には、もし恋人が別の女性と心の深いところでつながってしまうと、自分のもとに戻ってこない可能性が高くなる。そうなると、自分や、子供がいる場合には子供への物心両面での援助がストップする。それが一番困る。そういうことが本能的にわかっているのです。

川村　その話で思い出しました。『恋におちて』(一九八四年)という映画で、主演はロバート・デ・ニーロとメリル・ストリープ。二人とも別々に家庭を持ちながら、心の深いところでつながるという関係を描いていました。

そのワンシーンで、デ・ニーロの妻が「相手と寝ていないことがわかったので、あなたと離婚する」というセリフがあります。心のつながりを女性は本能的に恐れているることが如実にわかるセリフでした。

竹内　まさに理論どおりですね。「女性はロマンティックだから、心のつながりを嫌がるんだ」と解釈されがちですが、まったくそうではない。自分のもとから去られることを本能的に恐れているんです。

ちなみに男子学生の場合、すでに性的体験があるケースとないケースがあり得るんですが、実は性的体験がある男子のほうが、より体のつながりに嫌悪感を示したそうです。なぜなら、自身の経験から大損害になることがかなり現実の問題として理解できるからです。まだ性体験のない学生は実感があまり湧かないから、それほど強烈に嫌悪感を示さなかったそうです。

〝大沢樹生・喜多嶋舞〟騒動は「やっぱりね」（笑）

川村　浮気性の男は基本的に、浮気な女は嫌いなんですよ。男なら、誰かのお下がりやお古の女性はいやなこったと思うのが普通でしょう。男女の機微に造詣の深い作家の伊集院静先生は「週刊文春」の人生相談で、「結婚したら、元カレの話は絶対にするな」と回答しておられましたが、全く同感です。男は勝手だと言われるでしょうけど、元カレとか元カノとか平気で言う若い人の気持ちが、信じられませんね。

ところで五年前、元アイドルグループの大沢樹生《おおさわみきお》さんと、女優の喜多嶋舞《きたじままい》さんの間にできた息子さんをＤＮＡ鑑定したところ、父は別の男性であることが判明し、世間を騒がせたことがありましたね。

竹内　大沢さんは、離婚する前、関西のテレビ番組に出演したことがあります。喜多嶋さんとどういう経緯で結婚したかを語っていたのですが、それを聞いて、「大沢さん、それはあなたの子ではないでしょう」と思いました。

川村　それはどうしてですか。

竹内　彼は喜多嶋さんと付き合ったり、別れたりを何年も繰り返していました。

あるとき、「子供ができた」と電話がかかってきたのですが、最後に会ったのが二カ月前だった。

川村　そのときに二人がセックスしたのは、事実でした。

竹内　でも、数字が合わないんです。月経の最初の日から数えて、約九日〜十四日までの間が排卵期です。その後、子供ができていなければ、二週間でまた月経がやってきます。この二週間後に月経がこなかったら、妊娠の可能性は高まる。
　それから一週間、月経がなければ「これはもしや」と思う。それからもう一週間して病院に行ったら、「はい、子供ができています」となる。
　つまり、妊娠が判明するのは、性交渉を持ってから四週間ちょっとほど経ってからなんです。

川村　一カ月ちょっとですね。

竹内　それが二カ月後に電話がかかってきて、「子供ができた」と言うのは明らかにおかしい。大沢さんはそういう妊娠判明に至る期間を知らなかったのか、相手を慮《おもんぱか》って問い詰められなかったのかもしれません。だから、大沢さんの子供ではないと判明したときは、「やっぱりね」と思いました（笑）。

コンドームが日本人を弱くした！

川村　浮気の度合いは、以前も取り上げましたが、睾丸の大きい順（ニグロイド、コーカソイド、モンゴロイド）で、やはり変わりますか。

竹内　はい、大きい順で浮気の確率も高まります。

川村　アフリカ系の人は、子孫を残そうとする本能が強いんですか。

竹内　アフリカのような高温多湿で、次々に新しい伝染病が流行るような地では、免疫力の強い男性が求められます。相手がそういう男性でなければ、子供が生まれてもすぐに死んでしまいますから。

女性は女性で割り切っていて、子供が死ぬことを前提でたくさん産んでいるのです。

川村　そうやって淘汰されていく中で、強い遺伝子だけが残っていくわけですか。一方で、日本人は軟弱化の一途をたどっています。国を守ることはアメリカまかせにして、気候・風土にも恵まれ過ぎた結果なんじゃないですかねえ。

竹内　一九七〇年代、コンドームが手に入りやすくなりました。それまでオギノ式などの避妊法がありましたが、強力な避妊具であるコンドームが普通に流通するようになった。それまでは浮気や婚前交渉で妊娠しやすい環境にあったところ、コンドームを装着することでほぼ完璧に避妊できる。そうすると、質のいい遺伝子を持った男が、コンドームによって、その遺伝子を残すチャンスが奪われてしまいます。その影響で、日本人そのものが弱体化してしまったのかもしれません。

川村　一理ありますね。

竹内　七〇年代は、団塊の世代が結婚して家庭を築くようになりました。その団塊ジュニアが今、四十代半ばです。その世代がいわゆる「草食系男子」と呼ばれる人たちの先頭となっているのも事実です。

私の知り合いの男性で、今、四十二〜三歳ですが、かつて独身時代に、夜遅く年上の女性に呼び出され、その女性の部屋に行ったんです。いろいろ悩みを聞いてあげていたら、終電を逃《のが》すことになった。「泊まっていったら」と言われ、そうすることにしたんですが、ベッドに手招きまでされた。それなのに彼は「いえ、結構です」と部屋の隅で丸くなって、そのまま寝たそうです（笑）。

川村　据《す》え膳《ぜん》のチャンスなのに、もったいないなぁ（笑）。

竹内　そういう状況で、女性の誘いを拒否するなんてねえ（笑）。彼は、今や子供の世話をするのが大好きな「イクメン」男子です。日本人の性的な考え方、質が変わったと言えますね。

川村　絵に描いたような草食系男子がいたわけか、やれやれですね。少し話が変わりますが、哺乳類において、リーダーは、どのように決まるのでしょうか。

母親が子供を殺す理由《ワケ》

竹内　力の強さもかかわりますが、リーダーとして尊敬に足る存在かどうかが一番大きい。ニホンザルは母系制の社会をつくっているのでメスたちに血縁関係があるわけですが、その場合、メスたちからの支持がとても大切な要素です。

川村　人間社会でも「人望」はリーダーには不可欠な要素でしょう。ライオンの場合はどうですか。

竹内　ライオンは、オスは生まれ育った集団を兄弟で連れ添って巣立っていくケースが多いです。そして、別の集団を襲って、今までいたオスたちを追放し乗っ取ります。

川村　腕力が重要になるわけですか。

竹内　こういう乗っ取り型のリーダーが誕生したとき、必ず起こる現象があります。それは、そこにいる乳飲み子を全員殺すということ。なぜかというと、哺乳類のメスはお乳を与えている間、発情しません。しかし乳飲み子を殺せば、数日のうちにメスは発情して、オスを受け入れることができます。

もし子殺しをしないと、授乳期間が終わって自然に発情するまで待つしかありません。その間に、また乗っ取られるリスクもあります。だから、殺すしかない。ゴリラもそうです。

川村　二〇一八年四月に、大阪で、母親が自分の子供をマンションの高層階から落として殺すという事件がありましたね。自分の子供を殺すのは、人間社会特有のものかと思っていました。

竹内　このケースでは子の親はどちらも実の親で、分析が難しいのですが、一般論として言えば、女が実の子を殺すとしたら、その女性に新しく好きな男性ができた場合が大変多いです。虐待事件を見るとよくわかりますが、新しく迎え入れた男性が、女性の子供を虐待することはよくありますし、女性自身もそのことがわかっている。

川村　ライオンと一緒ですね。確かにそのパターンは多い気がします。

竹内　しかも、次の繁殖に重点を置きたいので、たとえ実の母親だとしてもその男の虐待に加担するなどして、自分の子供を殺してしまうことがあるんです。

それと虐待事件は極貧の家庭に起きやすいんです。裕福であれば、男性もほとんど虐待なんかしません。男性が無職というケースも非常に多いパターンです。多くの人たちからすれば、「どうしてそんなことするんだろう」と不思議でしょうが、そういう生活に身を置いたら、男女ともどども究極の選択をせざるを得ないわけです。

「年上の女」とセックスを練習しろ

川村　財務官僚のトップ、福田淳一事務次官がセクハラ発言で退職に追い込まれました。セクハラについては、どのようにお考えですか。

竹内　たとえば、チンパンジーのオスはメスに求愛するとき、ペニスを膨張させて、それを見せびらかしたりします。

　これこそ、まさしくセクハラ行為だと言えませんか（笑）。

川村　犯罪でしょう（笑）。猥褻物陳列《わいせつぶつちんれつ》罪ですもの。

竹内　チンパンジーで、オスの子供を持つメスがいて、友人のおばさんがいる。そのオスの子供が、友人のおばさんに挿入している。その横に母親がいて、おばさんの毛づくろいをしているんです（笑）。

川村　どういう意味があるんでしょうか。

竹内　性交渉の練習ではないかと考えられます。一方で、大人のチンパンジーが小さなメスに乗っかって交尾をすることもありますから。人間社会だったら絶対に許されない行為でしょう。

川村　大脳生理学者の故・林《はやし》髞《たかし》氏は、木《き》々《ぎ》高《たか》太《た》郎《ろう》というペンネームでミステリー小説も書いていましたが、林さんは「人生二度結婚説」を唱えていた。つまり、男性は若いとき、年上の女性と結婚し、年齢を重ねたら、次は若い女性と結婚する。

チンパンジーの話は、それに近い話のような気がします。

竹内　素晴らしい考え方ですね。夫婦同士だったら、たとえば子供が二人生まれた時点で、「子づくりはこれで終わりにしよう」となる。でも、それから離婚して、次の新しい異性と一緒になったら「また子供をつくろう」となる。

つまり、離婚したほうが子の数は増やせるわけです。一種の繁殖戦略でしょう。しかも、相手を変えているので、子に遺伝的なヴァリエーションをつけられるという大変有意義なことでもあります。

川村　人間の本能として正しいわけか。林さんは「年上の女性からセックスを教われ」というお考えのようで、男も女も若い相手に教え込めばいいと仰りたかったのだと、理解していました。そうやって襷《たすき》リレーしていく。

竹内　イギリスの研究者、ロビン・ベイカーは「単にセックスしただけでは、子供はなかなかできない。練習が必要だ」と言っています。特に重要なのは、「女性のオルガズム」です。そのタイミングが重要で、男性がイク前に女性が頂点に達すると、大量の粘液が分泌され、壁を築き、精子がブロックされてしまう。つまり、精子の拒否です。

逆に、女性が後からか男性と同時にオルガズムに達すると、体内にある精液を強力に吸引することができて精子を受け入れる。そういう考え方なんです。

川村　実際はどうなんでしょうか。

竹内　私はベイカーの仮説は理論的にはよくわかるけれど、本当にそうかなあと懐疑的だったのです。だって、とびきりのいい男が相手だったら、すぐに「イク」んじゃないかと。

しかし、ランディ・ソーンヒルという私が大ファンの素晴らしい学者が、実際のカップルからアンケートをとりました。女性に、先にイッたか、後にイッたかを聞き、なおかつ、男性の質のよさを調査したんです。

「質がいい」というのは、体がより左右対称になっている男性のことです。そういう男性は免疫力が高く、精子の質がいい。

アンケート結果から驚くべきことがわかりました。質のいい男性とセックスすると、女性は後からオルガズムに達しやすいそうです。なぜなら、より質のいい精子を積極的に吸引して、取り入れたいからです。

川村　男性は私も含めて、大いなる勘違いをしていますね。大抵の男は、女性を先にイカせることがいいことだと思っているでしょ。

竹内　こういうことは、理屈は知らなくても、本能的に何となく会得していくものらしいんです。だから、セックスの練習は必要なのです。

セクハラしても不快感を与えない男

川村　なるほど。ただ、今回の財務省の福田事務次官のセクハラ騒動は、言葉の上だけのことです。チンパンジーみたいに性器を露出したとか、そういうわけではない。人間特有の行動のような気がしてなりません。

それと、彼を告発したテレビ朝日の女性記者に対しても、いろいろな意見があります。知り合いの記者から聞きましたが、彼女のように電話で呼び出しを受けて、食事をしながら特ダネを取ることなんてあり得ないと言っていました。私も同感です。雑談する相手として選ばれただけに過ぎないんでしょう。テレビ育ちの記者は、どこか甘いところがあるような気がします。

竹内　どういうところですか。

川村　心構えです。囲み取材をしている人たちを見ていると、みんな若くて少年少女探偵団のようで、初心《うぶ》に見える。人間がどういうものか本当にわかっているのかなと思います。活字の人間はテレビ業界を下に見る悪いクセがありますが、彼らの言うインタビューは、立ち話レベルだと思いますね。

竹内　渡邊裕子さんという評論家は、「アメリカでの体験で、ある企業に勤める女性が政府高官に誘われた。意を決して、女性は『大丈夫です、行きます』と言ったものの、それを知った社長が『いや、それは行かなくてもいい。というか行くな』と言った」と書いていました。

川村　結果が目に見えているわけですから、社長の判断は賢明ですね。

竹内　動物の世界では、〝セクハラ〟行為をメスは嫌がったりしません。しかも、昼間堂々とそういった行為をします。

一方で、人間は夜に隠すようにして性行為をする。この違いは何なのか、興味深いところではあります。誰と誰が交尾をしたかを必死になって隠したがる。

川村　「恥ずかしい」という感情がある。それが人間の本能でしょうか。

竹内　そうだと思います。羞恥心が備わったのは、なぜか。

別に人間が崇高な存在だからではなく、これこそ浮気にかかわる問題ではないでしょうか。

川村　そもそも「ハラスメント」という言葉自体をどうとらえたらいいんでしょうか。

竹内　人間も含め、あらゆる動物、いや生物の二大テーマは「生存」と「繁殖」です。セクハラ行為は「繁殖」行為の一環ですから、そういうことがあっても不思議ではない。ただの「浮気」に「不倫」という価値観を持ち込んだのと同じで、「セクハラ」も価値観を導入した結果、社会がおかしな、不自由なことになっているんじゃないでしょうか。

それと相手の男性によって、同じセクハラ行為をされても不快感が変わってきます。一番の決め手は、その人の人間力や器の大きさなどです。

川村　それは大いにあり得ますね。

竹内　私の場合、学問的な師の日高敏隆先生が、まさにそういう人でした。日高先生は女性関係が派手で、セクハラ、パワハラ、おまけにアカハラ（アカデミック・ハラスメント）的な発言もとても多かった。

でも、そういう欠点をすべて補って余りあるほど、大きな人物でもあった。女性、男性に関係なく世話好きで面倒見が良かったんです。もし先生がセクハラ問題で失脚したら、研究室のみんなが困ってしまう（笑）。だから、密告するような人たちはいなかったんです。

日高先生は、京大を九三年に退官されました。退官祝いのパーティーがあったんですけど、奥さんを壇上にあげて、先生は「今日、私があるのは、ひとえに妻の喜久子のおかげです」と話した。すると、まわりのみんなは、実は私もなのですが、異口同音に「よく言うよな〜」とヤジっていたんです。

川村　奥さんは全部ご存じだったんですか。

竹内　はい。ただリアルタイムでは相当頭に来てらっしゃったようなんですが、先生の死後、奥さんは歴代の愛人のほぼ全員と交流があるんですよ（笑）。さすがは日高先生の奥さんだけのことはあります。

しかも「散々浮気されたけれども、あれが一番いい男だった」とまで仰いました。

川村　それはすごいな。羨《うらや》ましい一生ですね。

ところで、僕は動物的にどういうタイプだと思いますか。

竹内　いやあ、まさに浮気型の活動的なタイプだと思います（笑）。

川村　もう年を取って肉体的には不可能ですけど、気持ちだけはいつまでも能動的、活動的でいたいですね（笑）。

第三講

同性愛にも〝生産性〟あり!?

同性愛は特殊な現象ではない

川村　編集部から聞いた話ですが、本書の第二講の我々の対談が『W・i・L・L』に掲載されたとき、新聞広告を出す際のその内容を紹介するリード部分に、新聞社から「〝男性〟と表記したのであれば、〝メス〟を〝女性〟に変えてもらいたい。〝男性〟に対して〝女性〟を〝メス〟と表記するのは問題だ」と（笑）、クレームがついたそうです。そんなことを言うのは、人権派や自称リベラルでしょう。結局、こう直されたそうです。「動物のメスも浮気しますよ。しかも一発で仕留められるくらいの〝巧妙な手段〟を駆使してオスの遺伝子を取り入れるんです……!!」

竹内　へえ、そうなんですか（笑）。

川村　要は動物行動学の話だから、人間にあてはめるのはまずいじゃないか、という新聞社らしいタテマエ論なんでしょう。

だけど、竹内さんは、一連のお話は「動物行動学」と銘打ってはいるけども、「人」

の話をしていることと、ほぼ同じだと仰っていましたね。しかも、それが世界の潮流になっていると。そうすると、今の新聞社の連中は、世界の潮流に乗り遅れている(笑)。もっとも、最近の記者は引きこもり症気味で、驚くほど世間が狭くなっていますからね。

竹内　批判する人たちというのは、たいてい何も勉強せず、調べることもなく、単に自分の感覚や価値観とズレているだけで「ケシカラン」と言ってくるんです。

川村　昨今、世界では同性婚を認める国も増えてきて、日本でも法改正が必要だと言われるようになっています。さらに経済評論家の勝間和代氏が「女性のパートナーがいる」とカミングアウトした。さて、新聞社の連中は、こういった現象をホンネではどうとらえているのか聞いてみたいですよ(笑)。

竹内　第一講でも少し触れましたが、同性愛は決して特殊な現象ではありません。アンケートを取ると、男性同性愛者の割合は約四%に不思議と落ち着くんです。自分たちの子孫を残しにくいにもかかわらず、動物学的に必ず存在するということは、同性愛行動をとる確率を高める遺伝子が受け継がれているのではないかと考えられます。

川村　何か理由があるわけですね。

竹内　最初は「ヘルパー仮説」というのがありました。同性愛者本人は子供を残さないけれども、血縁者の繁殖を「手助け（ヘルプ）」することで、自分の遺伝子、特に同性愛行動をとる確率を高める遺伝子のコピーを間接的に残すという考え方です。

具体的には、血縁者たちに経済的支援をしたり、気づかいしたりすることはもちろんのこと、「彼（彼女）はあの○○の甥（姪）なんだって」というような名声によってモテさせる……。

鳥では、縄張りを確保できなかったオスが、そのまま巣に居着き、自分の両親が次のシーズンに産んだヒナにエサを運んであげることもあります。そのように間接的な行為を通じて、自分の遺伝子を残していく。

間接的に育てる同性愛者

川村　直接子供をつくらなくても、育てる行為を通じて、自分たちの遺伝子を後世に残すということですか。

竹内　はい、ただ、この「ヘルパー仮説」は皆何となくそうだろうなあ、と思うだけできちんと検証する研究者がいませんでした。ところが、アメリカの研究者、D・ボブローとJ・M・ベイリーが、男性同性愛者が本当に血縁者に対して親身になって助けているかどうかを調べたところ、むしろ、男性異性愛者よりも血縁者とは密に接していないことがわかったのです。

川村　じゃあ、「ヘルパー仮説」は間違っていたんだ。

竹内　そうなんです。それにすべての男性同性愛者に才能があって、名声によって血縁者の繁殖を助けているというわけでもないですから。

そこで、イタリア・パトヴァ大学のA・カンペリオ＝キアーニらの研究グループが、男性同性愛者と男性異性愛者、その血縁者からなる四千六百人を超える大規模な家系調査をしました。どれくらい子供を産んでいるか調べたところ、なんと、男性同性愛者の母方の女性（母、オバ、祖母など）が男性異性愛者の母方の女性と比べ、多くの子供を産んでいることがわかったのです。

こうした間接的な過程を通じて男性同性愛者は自分の遺伝子、特に男性同性愛についての遺伝子を次の世代に伝えている。だから、男性同性愛者はいつの時代にも一定の割合で存在し続けるのです。

川村　それは不思議な現象ですね。

男性同性愛者の脳は女性的

竹内　カンペリオ＝キアーニらのその後の研究では、男性同性愛者の母方の女は、よく産むだけあって、女性特有の疾患にあまりかからず、いろんな面で繁殖能力が高いこともわかりました。

ここからは私の仮説ですが、女性の繁殖能力が高いということは、女性ホルモンの代表格であるエストロゲンのレベルが高いと言える。このホルモンのレベルの高さによって、生まれてくる男の子にも何らかの影響を与えているのではないか、と。

川村　なるほど。

竹内　男性同性愛者の脳の構造を調べてみると、非常に女性的なのです。通常、男性は右脳のほうが左脳よりちょっとだけ大きく、女性はほぼ同じ大きさ。
　そして、男性同性愛者も、女性と同じくほぼ同じ大きさなんです。

川村　脳の発達にも性ホルモンがかかわっているんですか。

竹内　男性ホルモンの代表格であるテストステロンには、右脳を発達させる働きがありますが、エストロゲンは、むしろ左脳を発達させて、右脳の発達を抑制する働きがある。
　この事実をつなげていくと「男性同性愛者が生まれる家系はエストロゲンのレベルが高い」という仮説が十分に成り立つと思います。

川村　男性同性愛者は編み物や化粧とか、女性が好むものが好きなことも多いようですね。

竹内　ヘアメイクや華道、ダンスなどもあげられます。

川村　華道家の假屋崎《かりやざき》省吾《しょうご》さんや、ヘアメイクアーティストのＩＫＫＯさんとか、まさにそうでしょう。

そう言えば、白洲正子さんは男性の同性愛者に芸術家が多いことに着目して『両性具有の美』（新潮文庫）をお書きになりましたが、「女性の同性愛者に芸術家はいないのよ。どうしてかしらね」と言っておられました。

脱線しますけど、私の『週刊朝日』時代の経験から言わせていただくと、作家が後世に残るような作品を書くときは、作家と担当編集者が、精神的なホモ関係になるような気がします。お互い、ベッドを共にする気は微塵《みじん》もありませんけれど（笑）。

男の同性愛者は二十五人に一人はいる

竹内 私の説がすべてだとは言いませんが、一つの考え方としてあるのではないでしょうか。

川村 脳の構造そのものが違うんですね。

竹内 外見もそうですよね。男性でありながら、髪はさらさらで、肌もきめ細かで白っぽい人が多い。これらは女性ホルモンの代表格である、エストロゲンの働きによります。性フェロモンに対する反応の仕方も、男性でありながら男性の性フェロモンに性的に興奮する。女性同性愛者も、女性の性フェロモンに性的に興奮します。

川村　僕なんか昔の人間なので、男性の同性愛者とは進んでお近づきになりたくないという気持ちがあります。と言って差別する気はありませんけど、こういう話を伺っていると、偏見を持つこともないんですね。

竹内　はい。ある一定の割合で確実に存在するわけですから、だれでもこれまでの人生において男性同性愛者とは必ず一度は、どこかで会っているはずなんです。

川村　四%ということは、二十五人に一人か……。ところで、女性同性愛者の場合も同じことが言えるんですか。

竹内　女性同性愛者の割合は男性同性愛者の半分くらいですが、実はまだ、そこまでの研究は進んでいません。ただ、私としては、男性同性愛者をひっくり返したような話になるのではないかと思っています。

女性同性愛者に何人か会ったことがありますが、びっくりするほどキレイな人が多い。ということは、その女性の父親は相当カッコいいのではないかと。

川村　なるほど。

竹内　そうなると、男性ホルモンのテストステロンが高い家系ではないでしょうか。

川村　余談ですが、二十数年前、僕はやたらとゲイの人にモテましてね（笑）。お尻を触られて、「俺は違うぞ」と何度か胸倉をつかんだこともあります。どうしてでしょうか（笑）。

竹内　男らしい男に見えるからじゃないですか（笑）。

川村　そんな！　美しき誤解ですよ（苦笑）。

竹内　同性愛的傾向は人間だけの話じゃないんです。哺乳類に広く存在している。

川村　たとえば、どういう動物ですか。

竹内　ある種のヒツジでは、生涯にオスとしか交わらないオスが、やはり一定の割合でいるという研究があります。決して、人間だけの特殊な事例ではないんです。同性愛者は文化的に同性愛者になるという人がいますが、哺乳類に広く存在するということは、文化ではなく、遺伝的なもので、繁殖戦略の一部と考えたほうがいいでしょう。

男性同性愛行動には三つのパターンがあると思います。一つが、女がどうしてもいない環境であること。

川村　男子寮や戦場や刑務所なんかがそうですね。

竹内　もう一つは、相手の攻撃性をなだめるための同性愛行動です。実際、人間のあいさつ行動として、相手の気持ちをなだめるために性器を触ることがあります。たとえば、西欧の学者が、ニューギニアの先住民と握手をしようと手を出したら、向こうは睾丸を握ってきてびっくりしたという話があります。

川村　それは面白い（笑）。どういう意味があるんですか。

竹内　「お前の睾丸を握りつぶすことなんて簡単だ。でも、それをしないのは、お前に敵意がないからだ」ということを伝えるためでしょう。これに類した風習を残している先住民は世界中に存在しています。

人間に一番近いと言われるボノボは、オスもメスもそういう行動をしますし、本格的な同性愛行動もします。メス同士が性器をお互いにくっつけて、こすり合わせる「ホカホカ」という行為をするんですが、彼女たちは本当に性的に興奮します。

ボノボは父系社会ですが、このホカホカによって血縁のないメス同士の絆が深くなり、オスよりもメスのほうが地位が高いくらいなんです。
川村 ある意味、メスの下克上ですね(笑)。
竹内 ボノボはオス同士もペニスをくっつけ合ったり、チャンバラしたりします(笑)。こういった行為も、相手の攻撃性をなだめるためにしているんです。
川村 それから本当の同性愛行動もあるわけですね。
竹内 そうです。この本来の同性愛行動ですが、すでに触れたように、哺乳類の中ではかなりの割合で存在しています。

「種の保存」より「遺伝子を残す」が大事

川村 『W・i・L・L』(二〇一八年七月号)で、古田博司さんと藤井厳喜さんが対談していますが、朝鮮半島は「不信社会」だから、仲良くなるために男同士で同じ便器で小便をしたりするそうですね。日本では「関東のツレション」と言いますが、それも一つの同性愛的行為なのでしょうか。

竹内　そういう風習が残っているところは、結構多いんですよ。

川村　動物の本能というのは、本当に面白いですね。

竹内　ここで声を大にして言いたいのですが、「種の保存」などとよく言います。しかし、実は種というのは、保存しようと思って保存しているわけではありません。各々の個体が、ひたすら自分の遺伝子を残したいと思って行動しているだけです。その結果として、種が保存されているだけに過ぎない。

だから、同性愛者のカップルは子孫を残さないから社会性に反していると批判する向きもありますが、それは「種の保存こそが尊い」という考え方から出てくるものではないでしょうか。

考えてもみてください。異性愛者でも一生独身で子供をつくらない人もいるではありませんか。彼らは血縁者を介して自分の遺伝子を残しているのです。同性愛者も特殊な存在ではまったくありません。ここまでお話ししてきたように、男性同性愛者自身は子孫を残さなくても、母方の女たちがしっかりと、間接的に彼らの遺伝子を次代に残していて、何ら問題はないのです。

ＬＧＢＴをことさら持ち上げる風潮への疑問

川村　どのように生きるかは、結局、本人の自由意志だとは思いますけど。

竹内　同性愛者を断罪するようになったのは、歴史的に見ると、どうやらユダヤ教、キリスト教、イスラム教が起源のようなんです。

川村　日本には「衆道《しゅどう》」（男性の同性愛関係。男色ともいう）という言葉があるし、仏教では年長者が「稚児《ちご》」（寺院に召し使われていた少年。僧侶の男色の相手になることもあった）をかわいがったという記録も残っていることを考えると、決してタブー視されていませんでした。

竹内　『旧約聖書』ではソドムとゴモラのエピソード（「不自然な肉の欲」によって、神に裁かれ、町ごと滅ぼされる）があります。どうして当時のヘブライ人が、そのように考え、そんな記述を残したのでしょうか。

川村　「ソドムとゴモラ」のエピソードは、西洋の思想や芸術にも多大な影響を与えていますね。古代の社会は、農業や牧畜を支えるための労働力が必要だったから、同性愛者の存在を危険視したのでしょうか。杉田水脈《みお》さんの論文（「『ＬＧＢＴ』支援の度が過ぎる」『新潮45』二〇一八年八月号、その後同誌はバッシングを受け休刊）ではないけど、「生産性」がないのが問題視されたのかな。

竹内　農業や小麦の栽培の始まりは、肥沃な三日月地帯と言われるメソポタミア地域ですから、確かにそういう価値観が生まれてもおかしくありませんね。でもＬＧＢ（レズ・ゲイ・バイセクシャルの頭文字）には「生産性」はあるんです。そのことは産経新聞にも書きました（二〇一八年八月一日付。本講の末尾に収録）。

川村　マイノリティだからこその差別もあったんでしょう。

竹内　マイノリティと言っても、生物学的には、だいたい一％以上の数が存在したら、それはエラーではないと考えるんです。トランスジェンダー（性同一性障害の一つ）の場合は、何万人に一人の割合だから、彼らはかなり特殊な存在と言えるかもしれません。でも、男性同性愛者が四％いるのは、エラーでもなんでもなくて大切な意味がある。どんどん研究を進めるべきですね。

川村　勝間さんの場合は、結婚して子供もいて「自分は両性愛者だ」と公言なさっている。

竹内　それも女性に結構多いパターンなんです。子供を生んでから、「あれ、自分はもしかしたら……」と気づくことが多い。理由はよくわからないんですが。

川村　それも不思議な心理ですね。

竹内　ただし、LGBT（レズ・ゲイ・バイセクシャル・トランスジェンダーの頭文字）をことさらに持ち上げる風潮はおかしいと思います。マイノリティで、虐げられていると喧伝《けんでん》するのはいかがなものでしょうか。

川村　あれこれ考えず、普通に接すればいいんですよね。

ところで、昨今は少女を連れ去り、挙げ句、殺害してしまうような事件が頻発しています。そういう犯罪を起こす人間の多くは「小児性愛」を抱えていると言われていますけど、動物学的に見て、どうなんですか。

竹内　前出の過激な発言で知られるイギリスの研究家、ロビン・ベイカーは「七～八歳の少女でも妊娠することがある。少女が好きな男は、それを狙っているのではないか」と言っていますが、そうだとすると繁殖戦略の一つだと言えますね。

「いやよいやよも好きのうち」は性差別用語？

川村　でも、殺すだけで、乱暴も何もしないという場合があります。それは別の快楽を求めているんですか。

竹内　抵抗しない存在を狙っているし、さらに、自分の遺伝子を残すことにつながらないわけで、理解できませんね。

アメリカでレイプを研究したソーンヒル夫妻は『人はなぜレイプするのか　進化生物学が解き明かす』（青灯社）の中で、「結論としては妊娠させるためだ」と言っています。なぜかというと、レイプ犯が狙った相手の多くは二十代前半で、もっとも妊娠しやすい年齢だからです。

川村　本能がそうさせるわけですか。

竹内　もう一つ恐ろしい話ですが、普通の性交よりもレイプされたときのほうが、女性は妊娠しやすいんです。なぜかというと、レイプされるとき、女性は激しい精神的動揺や傷を負いますが、そのとき、思わず排卵してしまうのです。

かつてアメリカの北東部を中心に大停電がありましたが、その日から然るべき日数が経ったとき、出産ラッシュになったんです。つまり、非日常的な状況に陥ると、女性は排卵期でなくても排卵しやすい性質がある。

川村　「生」と「性」の不思議を実感しますね。

竹内　人間は基本的に「自然排卵」ですが、動物の中には「交尾排卵」といって交尾の刺激で排卵する例もあります。ネコやイタチの仲間がそうです。ところが、人間も同じく交尾排卵することがある。

特に非常に恐ろしい状況に陥ったときや自然災害に直面したとき、あと逆に、クリスマスのようにウキウキした雰囲気のときです。だから欧米ではクリスマスの頃に子供ができやすいと言われています。

川村　だから、クリスマスのとき、カップルはホテルを予約するわけか（笑）。たとえば、女性は絶叫マシンに乗るのが好きでしょう。それも同じことですか。

竹内　それはどちらかと言えば「吊り橋効果」のほうだと思います。怖さとときめきをまぜこぜにしている。カップルで絶叫マシンに乗ったり、ホラー映画を見に行くこと、それと夜景やイルミネーションを見に行くのも、相手をどきどきさせて、ときめきと勘違いさせるためです。

川村　確かに夜のドライブは女性を口説くときに、昔は有効でした(笑)。

竹内　石田純一さん曰《いわ》く「女性を口説くのを成功させたいなら、ヘリコプターをチャーターして夜景を見せて『君が一番きれいだよ』と耳打ちする」と(笑)。

レイプについて、ロビン・ベイカーはさらに「レイプされたときわざわざ抵抗してみせて、それでもやり通せる男性かどうかを女性は見ている」と言っています。やり通せる男性であれば、その遺伝子を受け入れてもいいと。

川村　これもまた恐ろしい話ですね。

竹内　女性であれば嫌いな男性と性交したら排卵は絶対にしないように、自分の生理状態を変化させるくらいのことは朝飯前のはずです。でも、レイプされることがあり、しかもその際に子供ができやすいという現象があるのは、よくよく考えてみるとおかしい。

ということは、抵抗してみせて、なおかつ、その抵抗を超えてできるかどうかを試しているのかもしれません。

川村　「いやよいやよも好きのうち」は性差別の典型で、今やタブー視されていますが、真理を含んでいるのかもしれませんね。

浮気は男の繁殖戦略

竹内　男と女の決定的な違いは、繁殖にあります。女は一旦身ごもると、出産・授乳という過程を経るので、次の繁殖は　何年か先になります。

一方で、男は一度射精したら、極端に言えば、すぐに次のチャンスが訪れる。だから、女は慎重に相手を選ぶし、男にしょっちゅう声をかけたりしません。男はダメもとでどんどん声をかけていく。だから、すぐ女にちょっかいを出す。

川村　それが男の愚かな、悲しき戦略ですよね（笑）。

竹内　そういう根本的な違いがあるのに、男の繁殖戦略について、いろいろ文句や批判をするのは、どうでしょうか。

川村　今の社会には、妙な正義感や潔癖性がありますよね。

朝日新聞（二〇一八年六月一日付）で、京大名誉教授の佐伯啓思《さえきけいし》さんが「人ははめをはずすものである。高尚な遊びを取り戻そう」と、実に面白く書いていらっしゃいました。

「スポーツにも、また政治上の言論戦にも、また経済競争にも、どこか余裕があり、楽しむ精神があり、偶発性があり、ルールがあり、その先には、何らかの『聖なるもの』へ向けた意識があった。神々が見ている、というような意識である」と。

ところが「今日の民主政治も市場競争も、スポーツと同様、あまりに合理化され、組織化され、過度に勝敗にこだわり、数字に動かされ、自由さも余裕も失ってしまったようにみえる」と書いていらっしゃった。

オスの本能を封じ込めるような言説が蔓延するのは、非常に怖いことじゃありませんか。

竹内　そうですね。

川村　それは科学的にも徐々に起こりつつあるんじゃないか、と思うんです。男にしか存在しない性染色体「Y染色体」が、このままだとなくなるんじゃないかって。

そういう説を取り上げる学者さんもいますけど。

竹内　「Y」が縮小したり、消滅するかもしれないという話になると、環境ホルモンのせいではないかなどとよく言われます。

でも、それはまったく違います。本質的にY染色体は、どんどん縮小・消滅していく宿命にあるんです。

川村　へえ！　それは驚きですね。

竹内　哺乳類ではメスの性染色体は「XX」と対になっていて、オスは「XY」と対になっていません。でも、この「Y」は、もともとは「X」に由来するんです。最初は同じ大きさでしたが、哺乳類が爬虫類《はちゅうるい》と共通の祖先から分かれた頃から、「Y」はだんだん小さくなり、乗っている遺伝子も少なくなった。

川村　それはなぜですか。

竹内　「XX」の場合は、片方の染色体の遺伝子に不具合が生じても、対になっている性染色体だから、もう一方の染色体の遺伝子が働きを補うことができて大事に至りません。それに、そうこうするうちに不具合が修復されることもある。遺伝子にとって非常に安全な乗り物だと言えます。

ところが、「XY」では、「Y」の相棒がどこにも存在しないので、そこに遺伝子の変異が起きて不具合が生じると一巻の終わりになってしまうことがあります。

川村　だから「Y」は弱いんだ。

竹内　そんなわけでY上の遺伝子は意味をなさなくなって消失したり、擬人的な言い方ですが、遺伝子たちが「Yは危ないから」と、ほかの染色体に乗り移っている気配があるんです。そしてもうすでに「Y」がなくなった哺乳類の例があるんですよ。

川村　えっ、本当ですか。

皇室が連綿と受け継がれた理由《ワケ》

竹内　アマミトゲネズミとトクノシマトゲネズミには「Y」がなくなったと言われて

います。北海道大学准教授、黒岩麻里《くろいわあさと》さんの研究によりますが、この二種類のトゲネズミは、「Y」がなくなり、「XO」という状態だそうです。

川村 それは興味深いですね。

竹内 「Y」にはオスになるための一番はじめのスイッチの役割をなす遺伝子が乗っていて、これがYにある遺伝子の最も重要なものなのですが、それがなくても、オスが誕生している。どうやってオスになるのか。オス化の最初のスイッチの役割をなす別の遺伝子がほかの染色体のどこかに存在し、それでようやくオスになっているのではないかと考えられているんです。

川村 オス化になるための代わりのスイッチがどこかにあるわけですか。

竹内 近縁な種であるオキナワトゲネズミには、まだ「Y」はあるそうです。世界でも、もう一つ「Y」がなくなった例があって、中東の「モールボール」という齧歯《げっし》類もそうだとか。やはりネズミです。

川村 「Y」の変質は環境や食べ物によって左右されるとか、そんなことじゃないんですね。

竹内　そういうことです。それからXとYは両末端部でだけ例外的に交差と言って互いに交換する現象があるのですが、そういう過程を利用して「Y」から「亡命」したのではないかと思われる遺伝子が「X」の両末端部分にたくさん存在している気配もあります。あくまで私見ですが。

川村　一昔前は、赤外線のコタツに入っていると、精子が減少すると言われましたけど。

竹内　それはかなり本当ですね。精子は熱に弱いんです。人間やチンパンジーなど、オス同士の精子の競争が激しい動物では、精子を長持ちさせるため、睾丸は体の外に出ています。つまり冷蔵保存です。

でも、ゴリラの場合、一頭のオスがメスを力ずくで防衛しているので、メスがほかのオスと交尾することはまずあり得ない。だから、精子を冷蔵保存する必要がなくて、お腹の中に睾丸が入っています。

川村　精子には、そんな特性があるんですね。

竹内　下着もブリーフよりはトランクスのほうがいいんですよ。サウナや高温の温泉に入るのも、あまり精子にとってはよくないんです。

川村　「金冷法」（睾丸を冷やして男性機能を回復させる方法）と言って、冷水に入る男性がいますけど、それにはワケがあったんですね。

竹内　高熱を発する病気を体験した男性は無精子症になりやすいと言われています。

川村　「Y」がなくなったら、別の形でオスが生まれるようになるんでしょうけど、守っていくべきものでもありますよね。

竹内　だから、Y染色体が曲がりなりにも、皇室で連綿と百二十五代受け継がれてきたことは、日本にとって最大の誇りの一つなんです。イギリスは女王が誕生するたびに「Y」が途切れてきた。女王の息子が後を継ぐわけですが、「Y」は女王の夫から受け継いでいます。だから、そのたびに違う「Y」になり、王朝名も変わってきたんです。皇室に対して世界中が敬意を示すのも当然ではないでしょうか。

川村　よく続いてきましたよ。どんなに逆立ちしても、こういう歴史はお金で買えませんから。

竹内　本当に仰るとおりです。かつては側室もたくさんいましたから、子供、特に男子も多かったですけど、最近は危ない綱渡り状態なので、とても心配です。

それに日本人がグローバル化やジェンダーフリーの名の下に女性天皇を立て、皇室の「Y」を途絶えさせようものなら、特に欧米諸国は拍手喝采、祝杯をあげると思います。バカな日本人だぜって。

川村　日本はもとより地球の未来を考えると、ポジティブな気分になれませんね。

良くなるばかりではない「進化」の実態

竹内　人類が滅亡する懸念の一つとして「人口爆発」があげられます。それまではペストなど、深刻な伝染病がしばしば流行って多くの人たちが亡くなっていた。

川村　確かに。

竹内　それまでの動物界は、バクテリアや寄生虫、ウイルスといった病原体との戦いの歴史でした。だからこそ、メスはオスを選ぶとき、免疫力を一番重要視したんです。いかに病気と戦える力があるかを基準に選んでいった。

川村　強いオスの特徴として、体が左右対称で、バランスが取れていると仰っていました。
竹内　はい。
川村　イギリスの物理学者、デニス・ゲイバーは『未来を発明する』（竹内書店新社）という本の中で、人類を襲う三つの危機があると書いていました。竹内さんが仰るとおり、一つが人口増大、もう一つが食糧危機、最後の一つが余暇をどう過ごすか。
竹内　まさしくそうです。
川村　今、そういう警鐘を鳴らす専門家や評論家がいなくなりましたね。「みんなと仲良くする」という、リベラル的な考え方が蔓延している結果ではないですか。これが進化なんだと。
竹内　そうかもしれません（笑）。でも、「進化」という言葉を多くの人たちは誤解しています。だんだん良くなるというイメージがありますが、そうではない。その場その場で環境に適応した生物が残っていく。それが「進化」の実態です。
川村　つまり、とりあえずとりあえずで、その場しのぎなんですね。

竹内　「こうなろう」という目標があって変化を遂げたわけではない。環境に適応した者たちが生き残ってきた、あるいは異性に選ばれる者たちが遺伝子を次代に残してきただけなんです。

川村　メディアは、なかなかそういう考え方を持てないでいる。手前味噌ながら、「学はあってもバカはバカ」という人たちが多いんじゃないですか。

美人は生殖能力が高い

竹内　私の出身校は愛知県の旭丘高校で、年に東大数十人、京大数十人が入るようなところです。ところが、同窓会で東大の文系に行った人間に会うと、変なものの言い方を身につけている。知識をただひたすら吐き出し続けて、それで人を圧倒する。話し方も独特で、途中で文脈が突如変な飛び方をします。「何を言いたいんだろう、よくわからないな」という顔をすると、相手のほうは「それはお前が東大に行けるほど頭が良くないからわからないんだ」という表情をしている（笑）。

川村　煙《けむ》に巻くっていうやつですね。

竹内　質問する余地を与えてくれないんです。「何なんだろうな」と思っていたら、安冨歩《やすとみあゆむ》さん（東大教授）が『もう「東大話法」にはだまされない　「立場主義」エリートの欺瞞を見抜く』（講談社＋α新書）という本を出され、読了後、「なるほど、あれが『東大話法』か」と非常にスッキリしました（笑）。

川村　「東大話法」とは、うまい言い方ですね（笑）。結局、何が言いたいのか、人に説明することができないんですよ。元国税庁長官の佐川宣寿氏の答弁を聞いても、躱《かわ》すばかりで、論点がよくわからない。

竹内　指摘や批判を怖れているんでしょう。

川村　朝日新聞には国旗国歌法に猛反対した東大卒の編集委員がいました。僕は彼に「朝日新聞主催の甲子園大会で国歌斉唱しているだろう。なんで反対するんだ、やっていることと主張が違うのは、おかしいじゃないか」と言った。そしたら「いや、それとこれとは別です」と反論して、滔々《とうとう》と説明するんですが、何を言っているのかさっぱりわからない（笑）。彼がどんな説明をしたのかわからないので、人に説明できないんです（笑）。

竹内　東大出の評論家の方々も、結局何が言いたいのか、よくわからないことが多いですよね。一方で、京大は本音で話し合ったり、とことん議論し合う校風だったから、そんなことはないかな。

それと変なことを考える学生が一番偉いとされている（笑）。

川村　だから、京大出身者はユニークな人が多いわけですね。

竹内　先生方も「いいか、絶対に型にはまるなよ」と、よく言っていましたね。それが原因か、私もたまに「竹内久美子はトンデモ説を唱える」という批判を耳にしたりしますから（笑）。

川村　そうですか。

竹内　でも、「美人の女性は生殖能力が高いなんてトンデモ説だ」と批判されたりするんですけど、このときはっきりとわかりました。「なんだ、全然勉強していない人が、単に自分にとって奇異に聞こえるためにトンデモって言っているだけじゃないか」と。

男女ともに顔がいいと健康で長生き、それに男性の場合は顔がいいと精子の質がいいという研究まであるんです。女性の場合、バスト・ウエスト・ヒップに関しては、出るとこは出て、引っ込むべきとこは引っ込んでいたら、エストラジオール（女性ホルモンの代表格である、エストロゲンの一種）のレベルが高いことがわかっています。

川村　つまり、妊娠しやすい。

竹内　そうです。体形が女性らしく、魅力的だと、妊娠しやすいことがわかっている。だから、「美人は生殖能力が高い」なんてもう目の前に見えているわけで、特別ぶっ飛んだ説でもなんでもないわけです。

川村　人を外見で判断してはいけないなんて、そんなウソを言ってはいけませんよね（笑）。建前ばかりの正論を振りかざすんじゃなくて、もっと本音でぶつけ合う社会になってもらいたいと思いますね。

ＬＧＢＴには「生産性」がある

竹内久美子

このところ、杉田水脈衆議院議員の「ＬＧＢＴは子を産まないので生産性がない」という主張が物議をかもしている。Ｌはレズビアン、Ｇはゲイ、Ｂはバイセクシュアル、Ｔはトランスジェンダー（体と性が一致しない人）の略である。

まず私の立場を明らかにしておくと、ＬＧＢＴの人々を過度に持ち上げることには反対だ。なぜなら、過度の持ち上げとは彼らを差別し、特別扱いしているがゆえの行為だからである。

そして私が彼らを差別することも、特別扱いすることもないのは、彼らが生物学的に何ら特別な存在ではないからだ。

同性愛に関わる遺伝子は残る

何万人に１人という割合で存在するトランスジェンダーは、確かに稀《まれ》な存在かもしれない。しかし、ゲイもレズビアンもバイセクシュアルも少しも珍しい存在ではない。人種や民族、時代、文化などとは関係なく、ゲイは男性の４％くらい、レズビアンはその半分の２％くらいの割合で存在する。バイセクシュアルについては男性で十数％というデータもある。

進化論の分野ではその存在がだいたい１％を超えるのであれば、何らかの意味があるからこそ存在すると考える。だからゲイもレズビアンもバイセクシュアルも、大いに存在意義があるはずなのだ（さらにＬＧＢは人間特有ではなく、哺乳類界に広く存在する）。

しかしここで問題にされるのはゲイやレズビアンといった同性愛者が、自分では子をつくらないのに、つまり「生産性」がないにもかかわらず、なぜ常に一定の割合で存在するのかということだ。

もっとも、もし本当の意味で「生産性」がないのなら、彼らはとっくの昔に消え去っているはずなのである。彼らは一見「生産性」がないように見える。しかし何らかのルートで自分の持つ遺伝子、特に同性愛に関わる遺伝子を残しているのである。

こういうふうに個体だけを見ていても理解できない問題を解くカギは、その個体の血縁者にまで視野を広げるということである。

覆された「ヘルパー仮説」

そんなわけで１９７０年代に同性愛者は血縁者、つまり血縁の近さに応じた確率で自分と共通の遺伝子を持つ者の繁殖の手助けをすることで自らの遺伝子を間接的に残しているのではないかという考えが登場した。ヘルパー仮説だ。

鳥などでは巣立ったものの自分の縄張りを構えることができなかったオスが、両親の次の繁殖で生まれたヒナの世話をすることがある。何もしないよりは、自分の弟や妹の世話をして自分の遺伝子を間接的により残そうとするわけである。こういうオスをヘルパーと言い、人間の同性愛者もヘルパーとしての役割を持っているのではないかと考えられたわけである。

ヘルパー仮説は長らく有力仮説だったが、2001年になってようやく本格的に検証されるようになった。アメリカ、ノースウェスタン大学のD・ボブロー氏とJ・M・ベイリー氏は男性異性愛者と男性同性愛者のグループを調べ、どれほど血縁者と会ったり、電話をしたりするなどの交流があるか、甥《おい》や姪《めい》などに金銭や物をよくプレゼントするかなど、男性同性愛者が本当に「ヘルパー」としての役割を果たしているのかを検討した。すると、何と男性異性愛者の方がむしろ血縁者のために尽くしているという、逆の結果が表れてしまった。男性同性愛者は「ヘルパー」ではなかったのである。

生物学的に誤った見解を正せ

04年になると、イタリア、パドバ大学のA・カンペリオ＝キアーニ氏らはある意味、原点に立ち返った調査をした。

男性同性愛者、男性異性愛者とその血縁者たちからなる、４６００人以上もの大集団について繁殖状況を調べたのである。

すると男性同性愛者と男性異性愛者の父方については差がないものの、男性同性愛者では母方の女たち、つまり母、母方のオバ、母の母である祖母たちがとてもよく子を産んでいることがわかった。

こういう家系では時々男性同性愛者という自分では子をなさない存在が現れるが、その分を女たちが埋めている。その際、同性愛に関わる遺伝子も次代に残している。こうして男性同性愛者は、時代や文化を問わず、常に一定の割合で存在するわけなのである。

男性同性愛者の母方の女が子をよく産むのは、単に女性ホルモンの代表格である、エストロゲンのレベルが高いことによるのではないかと私は思う。エストロゲンのレベルの高さは妊娠のしやすさを意味するからだ。

こうしてみると男性同性愛者が現れる家系とは、単に女性ホルモンのレベルが全体的に高い家系といえるのではないだろうか。女性同性愛者については、もしかするとこの裏返しの関係にあるのかもしれない。すなわち男性ホルモンのレベルが高い家系である、と。

そのようなわけで「ＬＧＢＴは生産性がない」というのは生物学的に大間違いである。その点を考え直してもらいたいと思う。

（産経新聞二〇一八年八月一日付）

第四講

トランプ大統領のネクタイはなぜ赤い

人は「赤」を見ると印象が変わる

川村　竹内さんの『ウソばっかり！　人間と遺伝子の本当の話』（ワニブックス）を読みましたけど、非常に面白かった。「赤色はさまざまな効果がある」という一節がありましたが、本当ですか。

竹内　本当です。赤の研究は、二〇〇四年のアテネ五輪のときに始まりました。イギリス、ダラム大学のR・ヒルらがテコンドー、レスリング（グレコローマン、フリースタイル）、ボクシングに着目したんです。それらの競技は一対一で、赤、または青の防具やユニフォームを着て争うわけですが、その試合結果を調査したんです。
はっきりと実力差があれば、何色であろうと関係ないんですが、実力伯仲《はくちゅう》の試合になると、赤色を身に着けた選手の勝率は六八％もあった。それに対して、青色は三二％だったんです。

川村　そんなに違うんですか！

竹内　ヒルによれば、赤のユニフォームや防具を見ると、青のほうは心理的にビビってしまうようです。一方で、赤を身に着けたほうは、自分が強くなった気分になって、自信たっぷりに戦うことができると。

川村　色が心理的に大きな影響を与えるんですね。

竹内　それから、もしかして色によって審判も騙されるんじゃないかと考えて、先ほどとは違う研究者ですが、ドイツ、ヴェストファーレン・ヴィルヘルム大学のN・ハーゲマンらのグループがこんな研究をしました。

テコンドーのベテラン審判四十二人に対して、実力が拮抗している男性選手の試合の動画を見せて、採点させました。

すると、赤の選手のほうが優勢であるという採点が多かった。その結果を受けて、見せた動画に画像処理を施《ほどこ》し、赤を青に、青を赤に差し替えて、もう一度見せたんです。

川村　結果はどうだったんですか。

竹内　戦っている選手は同じで、動きもまったく同じなのに、やはり赤のほうが採点が高かった。赤を着けているだけで、印象がガラッと変わり、優勢であるかのように見えてしまうんです。

川村　不思議ですね。

竹内　赤は男女問わず、特別な色です。つまり、血の色なんですよ。

川村　共産党や共産国の旗の色って、赤が主でしょう。スターリン時代のソ連に招かれた高名な映画監督が「ソ連の天然色映画は赤以外の色が汚い。理由を聞いたら、『赤をきれいに出すための金は出しても、ほかの色には金を使わないからだ』と言われて、呆れました」と話していました。階級闘争で民衆の流す血を象徴したもので、そうなると嫌なイメージもありますね。

トランプのネクタイはなぜいつも「赤」なのか

竹内　女性が男性の赤を見ると、どう判断するのか、そういう研究もあります。まず大前提として、容姿がとても優れているか、逆に、ひどく不細工な男女の場合、色の影響はほとんどありません。

　先ほどの、実力が伯仲している選手同士ではじめて赤の効果が表れるというのと同じ理屈です。だから、容姿は並の男女を選びました。

　そして、白黒の顔写真を使って実験したんですが、写真の背景の色を赤にした場合、別の色と比べ、女性からの評価が一から九までの九段階評価で平均で一ポイントほどアップしました。

川村　ものすごく加算されるわけではないんですね。

竹内　でも、これは統計的にはっきりと差があるという値ですし、塵《ちり》も積もれば山となりますから(笑)。あと、セクシーさもアップします。ただ、好感度は残念ながらアップしませんでした。

　背景ではなく、Tシャツを赤と別の色にして実験してみたら、魅力やセクシー度のポイントはアップしましたが、同調性や外向性に関してはアップしなかった。

川村　セクシー度と好感度は同じようなものだと思うんですが、そういうわけではないんですね。

竹内　それが違うんですよ。それから赤色のTシャツと緑色のTシャツを着た二人を示した「どちらの地位が高いと思うか」という質問に対して、赤のほうが一ポイント上がります。「将来的に出世するか」という質問に対しても一ポイント以上アップします。

川村　トランプ大統領は米朝首脳会談のときもそうですが、重要な場面では赤いネクタイを必ず着けています。彼は赤の効果をよく知っているんでしょうね。

竹内　赤は共和党の色ですけど、大統領選の公開討論のときも、トランプは赤のネクタイを着けることが多くありました。相手方のヒラリー・クリントンも赤い服をよく着ていたので、心理的効果をよく知っているのかもしれません。

それと、トランプはものすごく長いネクタイを着けているでしょう。イギリスの動物学者、デズモンド・モリスに言わせれば「男性のネクタイはペニスの象徴であり、ペニスに擬態しているのだ」と（笑）。

川村　「俺のほうがデカイぞ」と言いたいんですね（笑）。

あの人って、まるで西部劇に出てくる悪徳牧場主のようです。そういうネクタイを好むのもわかる気がします（笑）。

竹内　まさにそのとおりですね（笑）。

川村　僕の今まで付き合ってきた人の中で一番遊び人と言える、ある商社の社長がいたんです。六甲山の中腹に大豪邸を建てて、有名なモデルとは全員寝たと言われていました。気に入った女性がいるとパリに連れて行って、エルメスでもカルティエでも何でも買ってやると、評判の人でした。

まさに本物の〝ドン・ファン〟でしたけど、彼は七十を過ぎてからも、いつも赤色のハンカチや靴下、アクセサリーなどを、ワンポイント的に身に着けていましたね。「一人でかけばアグラだけど、二人でかけばバイ（倍）アグラ」というジョークがありますけど、彼にとって赤はバイアグラだったのかもしれません（笑）。

竹内　その方は経験的に女性が赤に弱いことを知っていたんでしょう。

ちなみに一連の実験では、色や写真の提示はたいていは五秒とほんの一瞬で、ちら見せすることに意義があります。長々と見せると慣れてしまい効果なしなんです。その方はワンポイントの効果まで、よくわかっていらしたのですね。

「サムライ・レッド」にすればサッカーWCも勝てる!?

川村　二〇一八年のサッカーのワールドカップ（WC）で、日本はベルギーに負けましたけど、相手のユニフォームは真っ赤でした。「赤い悪魔」と言われているそうですね。まさに色の効果が出ている証拠じゃありませんか。

竹内　そうなんですよ。赤色のユニフォームだとサッカーの勝率が違うことも研究されています。だから、日本のユニフォームも「サムライ・ブルー」じゃ弱い。日の丸の国なんですから「サムライ・レッド」にしないと（笑）。ことあるごとに「変えろ」と言っているんですけど、全然変わりません。

川村　本当にそうですね。昭和三十年代に『赤胴鈴之助』という漫画が流行りましたが、鈴之助の胴着は赤でした。甲斐の武田など戦国の強い軍団は「赤備《あかぞな》え」でしょう。

竹内　青は万人受けする色ではあるのは確かですけど。

川村　なぜ青なのか、日本サッカー協会も、そのルーツがわからないそうです。一九九〇年、赤色のユニフォームを使用したことがあったそうですが、不評で、それ以降まったく使われなくなったそうです。赤にもいろいろありますから、不評だったのはどんな赤か、知りたいところですね。

竹内　そういう理由があるんですね。そもそもモンゴロイドは接触（ぶつかり合い）が多いスポーツでは弱いんです。筋肉量や骨量がニグロイドやコーカソイドに比べて非常に少ない。

川村　モンゴロイドで思い出したことが三つあります。一つ目は一九八六年にホンダがモーター・スポーツの最高峰のＦ１で、はじめてコンストラクターズ・チャンピオンになったとき、ホンダをつくった本田宗一郎さんが言われたことです。コンストラクターズ・チャンピオンというのは、ナンバー１マシンということですけど、本田さんはこう仰いました。

「うちは二輪でも四輪でも、世界一のマシンをつくった。だけど、世界一のドライバーはつくれなかった。世界一のドライバーをつくるまでには、もう二、三世代かかりそうだな」

二つ目は同じ頃、ホンダF1チームの〝現場監督〟のSさんが、言われたことです。チャンピオン・ドライバーの座をブラジルのアイルトン・セナとネルソン・ピケが争っていた時代の話です。

登りつめた先がどうなっているかわからない坂を、セナやピケは先が断崖絶壁かどうかわからなくても、平気でアクセル・ペダルを踏み続けることができる。ところが、日本人ドライバーは、坂のてっぺんに近づくにつれて本能的にアクセル・ペダルから足を離してスロー・ダウンする。

「こういうことは、練習や訓練では克服できないんですよ」

という話でした。

要するに、命知らずの度胸があるかどうかは生まれつき。つまりは、遺伝子やホルモンの違いということでしょう。

三つ目は、亡くなった指揮者の岩城宏之さんが国指定の難病になって手術をされたときに執刀をしたお医者さんから聞いた話です。脊椎の中の靱帯が石のようになって神経に触れるという厄介な病気で、放っておくと全身麻痺になるので急遽手術を受けることになったんです。この手術は欧米より日本が一番進んでいるそうで、その理由をお医者さんはこう言われました。

欧米人は靭帯が石のようになっても、脊椎の容積が大きいので神経に触らない。手術の必要がないので、技術を進歩させるのは必要ないのですよと説明してから、こう言われたんです。

「日本人は欧米人と体格が同じでも、骨の量や質が違うんです。ですから、サッカーやラグビーのようなスポーツは、日本人には向かないんです。壊されちゃうから、止めたほうがいいですよ」

大坂なおみさんがテニスの全米オープンで日本人としてはじめて優勝しましたけど、彼女はニグロイドの遺伝子を受け継いでいますよね。ラグビーの日本代表にもそういう選手がいますけど、ラグビー・ワールド・カップでは世界と果たして互角に闘えるのか心配ですけれど、代表のユニホームの色を優しいサクラ色から燃える血のような真っ赤にすれば、結果が変わるかもしれませんね。

でも、なぜ、赤色がそんなに効果的なんですか。

竹内　男性ホルモンのテストステロンがかかわっているんです。テストステロンが末端の血流を増すので。トゲウオのオスは繁殖期に腹が赤くなりますし、キンカチョウという鳥ではクチバシがより赤いオスがメスにモテます。

そして、テストステロンのレベルが高ければ、男性としての魅力も増すし、攻撃性も高まるし、出世していく原動力にもなる。

川村　つまり、女性にとって魅力的な男性に映るわけですね。

竹内　そういうことです。人間は肌を赤くすることはなかなかありませんから、赤色を身に着けることで効果が出てくるんです。

川村　女性が赤を身に着けるとどうなるんですか。

竹内　同じく魅力やセクシー度はアップしますが、残念ながら知性や優しさなどの印象はアップしません。また女性においては、地位を高く見せる効果はありませんでした。

それと女性における赤ですが、男性と同じく、女性ホルモンのエストロゲンによって、特に排卵期に最も血流が増すことがわかっています。唇など、皮膚の柔らかい部分がより膨らみ、赤味が増していき、性的にも興奮しやすくなります。そういう点で、赤色はさまざまな面で影響を与えると考えられます。

血液型と性格との関連はある

川村　血液型についても言及されていますが、性格判断が一時期流行ったでしょう。僕はまったく信用していないんですが、どうですか。

竹内　性格についてはは少し置いておいて、血液型（ここではＡＢＯ式血液型を指す）によってかかりやすい病気、かかりにくい病気があるんです。まず、知ってほしいのは、血液型というのは単なる血液の型ではなく、「免疫」の型のことです。つまり、自己と他者、特に侵入して来ようとしている病原体とを区別するために赤血球だけでなく、あらゆる細胞の表面や体液などに存在する印のようなもの。となれば、血液型が病気や病原体と関係が深いのは火を見るよりも明らかです。それなのに、やはりまた勉強していない人々が、トンデモって言うんですよ。

こういう研究は結構古くからあって、一九五〇年代、イギリスの研究家、Ｉ・エアードらは、A型は胃癌にかかりやすく、O型はかかりにくいことを発表しました。

川村　そういう傾向があるんですね。

竹内　A型は統計的に癌全般になりやすい。O型は胃潰瘍《かいよう》や十二指腸潰瘍、それからコレラにかかりやすいことがわかっています。

川村　僕はB型ですけど、どういう病気に弱いんですか。

竹内　膵臓《すいぞう》癌や肺炎、気管支炎、糖尿病です。

川村　糖尿病だから、当たっていますね（苦笑）。

竹内　赤血球をはじめとする細胞の表面には、「糖鎖《とうさ》」が毛のようにびっしりと生えています。「糖鎖」とは、グルコースとかガラクトースといった糖がいくつか連なっているものですが、その最末端にある糖がどういう種類かによって、血液型が決まる。だから、病原体が糖鎖に擬態して侵入してくると、自分の体なのか、他者なのかわからなくなってしまう。

川村　騙されて通してしまうこともあるわけですか。

竹内　そうです。そうなると、病気が発生する。そういう考え方があるんです。

川村　でも、性格分類まではどうでしょうか。久しぶりに野村克也さんに会ったら、あれほど、確率や合理性を重視した人が大真面目な顔をして「血液型によって選手のタイプは……」なんていう話をしたので、「世も末だ」と思いましたけど。まともな男だったら、そんな迷信に惑わされないでしょう（笑）。

竹内　大真面目に大正から昭和にかけて、血液型の性格分類をした日本人の研究家がいるんです。名前は古川竹二《ふるかわたけじ》氏です。ところが、学界から大批判を浴びて、まったく関連性はないと断定された。その後、能見正比古《のみまさひこ》・俊賢《としたか》親子が登場しました。

川村　『血液型でわかる相性』（青春出版社）などが大ベストセラーになりましたね。

竹内　そうです。でも、心理学者から「絶対に関係ない」と、また批判を浴びました。でも、血液型によって得意・不得意な病原体があるなら、それによって行動パターンも違ってくるのは当然ではないかと思うんです。たとえば、O型は梅毒に強く、AB型は弱い。そもそも梅毒はアメリカの原住民が持っていた病気です。原住民の血液型を調べてみると、ほとんどがO型だった。

川村　そうなんですか。

竹内　梅毒に強いO型が生き残り、ほかの血液型を持っている人間は淘汰されたからだと考えられています。梅毒は性病なので、当然、性行動とかかわってくるはずです。O型は梅毒にかかっても進行が遅い。そうであれば、どんどん交わって、自分の遺伝子を残すべきではないか。

川村　そういう戦略をとって当然ですね。

竹内　一方、梅毒に弱いAB型の場合は、いろいろな人と交わらず、一人の妻を大事にし、子供をしっかり育てる戦略をとるべきである。

　このように考えると、O型の男性は楽天的で、社交的、多くの異性と交わるという傾向があってもおかしくありません。逆に、AB型は慎重で、淡泊な傾向になる。

川村　確かに一理ありますね。

竹内　だから、最近の心理学者も血液型と性格との関連について完全否定することをやめつつあるんです。

川村　血液型による性格分析は町の占い師のように胡散《うさん》臭いものだと思っていましたが、今の説明を聞くと、少し考え方が変わります。

竹内　プロ野球選手で殿堂入りするような選手は、B型かO型が多いんですよ。A型の要素が入ると、スポーツの世界ではあまり活躍ができないようです。実際にB型は血が濃く、ヘモグロビンが酸素をよく運んでくれるから、スポーツに適するんだと思います。

川村　スポーツには向いているんですね。そういえば、長嶋茂雄さんや野村さんはB型でした。

竹内　血液型は能力の違いにもかかわっているんですよ。

人間は孤独で生きられない

川村　下重《しもじゅう》暁子《あきこ》さんの『極上の孤独』(幻冬舎新書) がベストセラーになっています。孤独に生きることを勧めているんですが、下重さんの説は無理矢理考えた屁理屈のようで、信用する気になれません。

竹内　オランウータンやトラのように単独性の動物もいますが、彼らにしたところで母と子はしばらく一緒に行動します。孤独というのは、少なくとも哺乳類では、あり得ない状態ですよ。動物の本能として「生存」が大きな意味を持っていますが、孤独ではなかなか生きられません。

下重さんの本を読むと、「孤独」のとらえ方が抽象的で、観念的な印象を受けます。

川村 「孤高」ならいいかもしれないですけどね。でも、日本人は観念論が好きですからねえ……。動物の世界でも核家族化というのは進んでいるんですか。

竹内 一夫一妻の動物は、夫婦で四六時中過ごします。たとえば、タヌキがそうですね。類人猿ではテナガザルです。

以前にもお話ししましたが、哺乳類の世界では、夫婦の関係にある者同士はずっと共に行動するのが常識です。

ところが、ときどき別行動をとるのが人間。だから、人間においては浮気が問題になる。

川村 鳥類もそうだと仰っていましたね。今の日本社会では、シングルマザー、シングルファーザーの家庭が増えていますけど、どう思われますか。

竹内　動物の世界ではシングルマザーが当たり前です。たとえばシカのオスは、子供をつくっても子育てはまったくしません。むしろ、オスが子育てに協力する種のほうが珍しいんです。

川村　そうですか。

竹内　オスが子育てに協力するのは、メスが産んだ子供が、かなりの確率で自分の子供である場合です。自分の遺伝子を持っていない子供を育てるような愚かなオスだと、淘汰されてしまいます。

川村　それは当然ですね。

竹内　だから、乱婚的な社会では、オスは普通、子育てに協力しません。それからオオジュリンという鳥ではメスの浮気に対抗する策として、オスは妻が肝心な時期にいかに怪しい行動、つまり浮気をよくしていそうかの程度によって、子育ての手抜きをするんです。

川村　素直な行動ですね（笑）。

竹内　残念ながら、ヒナを見て、どれが自分の子供で自分の子供ではないかは判別できない。そこで次善の策として、そういう行動をとるわけです。

フェミニストと専業主婦の違いとは

川村 そういう動物の性質は面白いですが、でも、多くの動物たちは、生まれてきた子供たちをちゃんとしつけたりしています。今の日本人は、まったくそれができていない。

一九七〇年代、小中学校を取材したことがあります。そのとき、「勉強はうちで見ますから、しつけは先生にお願いします」と言う親が出てきたと、先生が嘆いていました。そうやって育てられた子供たちが、今、親になっている。

竹内 心配ですよね。動物の世界では、生き抜くために狩りの仕方などを徹底的に教えますから、そういう意味で、しつけはちゃんとしているんですよ。

川村 我が家の子育ての経験から言うと、しつけは母親が向いていると思うんです。娘と息子がいますが、二人とも中学から有名な私学に入れました。妻は子供がどんなに泣いていても一切かまわず、勉強させていました。女親は男親と違って手心《てごころ》を加えない。碁や将棋が本当に強くなりたかったら、女性に習えと言うでしょう。

竹内　基本的に子供とかかわる時間が多いのは、女親ですしね。それと、なぜ女親が教育熱心かと言えば、勉強やしつけや社会の常識を教えることもさることながら、ダンナではなく、自分に都合がいいように子供を洗脳するためなんです。自分の思うように子供をコントロールするために、育児の時間を多く担っている。

川村　それはちょっと恐ろしい話ですね。聞き捨てなりません（笑）。

竹内　フェミニストにはおそらくない発想でしょうが、女は無意識のうちに、あえて子育ての主導権を握っています。専業主婦となれば、なおさら子供をコントロールし、家庭内の主導権を握ることができます。

「家族」は戦うための必要な単位

川村　ゲーテだったか、「将軍の妻は将軍の将軍である」という名言があります。

日本人に限らず、人間はそういう運命にあるんじゃないですか。

竹内 そうですね。奥さんのことを「カミさん」とよく言いますが、その語源は「上さん」「神さん」らしいですから。

とにかく、今の日本社会は、女性も働かなければいけません。そうなると、子供をしつける余裕もなかなかない。専業主婦であれば、しっかりできるでしょうけど。

川村 しかし、箸すら満足に持てない親が増えていますよ。

竹内 『サザエさん』の磯野家のような家族観は、とうの昔に終わっていますし、皆、古き良き家庭として懐かしんで見ていますよね。下重さんは、『家族という病』（幻冬舎新書）の中で「家族は戦争のために一致団結を目的として存在していた」と書いていますが、さすがに極論だと思います。ただ、一部正しい面もあります。かつては常に部族間の争いがありました。だから、ほかの部族から自分たちの部族を守るのが、最大の課題だった。そのため、人間世界はほとんど父系社会です。

川村 なぜ人間は父系社会が強くなったんですか。

竹内 私の考えですが、母系社会だと、戦う男たち同士に血縁関係は基本的にありません。

しかし、父系社会であれば、父、息子、おじ、甥……と血縁集団で戦うことができます。

川村　血の結束ですね。

竹内　そういう結束のほかにも、自分が死んでも、ほかの者たちが生き残り、代わりに自分の遺伝子を残してくれると信じられるから、勇敢に戦うことができます。そうやって残っていったのが、父系社会だったのではないでしょうか。

そういうわけで、母系社会が残っているのは、アマゾンの奥地や太平洋の島々のように、大変な僻地《へきち》であり、領土としてほしいとはあまり思えないところです。

そうしてみると、「家族」は戦うための必要な単位であったというのは、動物行動学や進化生物学の観点から導かれる結論だと言えます。

川村　なるほど。昔、農村や会社では、血族や血縁のある人たちで集まってやっていましたよね。そういう伝統的な在り方が崩壊したのが、今の日本社会なのかもしれません。

竹内　それがいいか悪いかというのは、まだ判断できませんよね。

「麻原彰晃」とメスゴリラ「ココ」の違いとは

川村　オウム真理教の教祖、麻原彰晃《あさはらしようこう》をはじめとして計十三人が処刑されました。当時、高学歴の若者があんな宗教団体にはまって、凶悪事件を起こしたことに非常な衝撃を受けたことがありましたが、宗教性を持つのは、人間の特性なんですかね。

竹内　おそらく人間だけだと思いますが、その萌芽《ほうが》的な行動がチンパンジーにあります。雨が降り出すと「レインダンス（雨の踊り）」と言って、踊ったり、声を発したりするんです。

川村　なんですか、それは。

竹内　残念ながら、その映像を実際に見たことはありません。聞くところによると、その踊りは人間の呪術的な踊りととても似ているそうなんです。もしかしたら、チンパンジーも「雨が降ってきたぞ。何者かが降らせているに違いない」と思っているのかもしれないんです。

川村　興味深いですね。実際に何を言っているのでしょうね。

竹内　チンパンジーは複雑な音声言語やコミュニケーションをすることができませんから、叫び声みたいなものになっています。

川村　祭壇をつくったりはしませんよね。

竹内　それはしません。でも、ゾウは埋葬に似たようなことをします。木の枝をかけてあげたりとか。

川村　本当ですか？　ほかにいませんか。

竹内　鳥のカササギもそうだということが最近わかりました。

ネアンデルタール人も遺体を埋葬していたし、花を手向けていたとも言われています。

最近、死んだメスゴリラの「ココ」は英語の手話ができました（ちなみにココが特別知能が高く、手話ができたのではなく、チンパンジー、ゴリラ、ボノボならたぶん全員、教えればできる）し、英語の聞き取りは完璧でした。七歳くらいのとき、「ゴリラはいつ死ぬの?」と聞いたら、「年を取り、病気で」と答えた。「その時何を感じるのか?」という質問には、「眠る」と(F・パターソン/E・リンデン著・都守淳夫訳『ココ、お話ししよう』どうぶつ社)。

川村 すごい話ですね。

竹内 続いて「ゴリラは死んだら、どこへ行くの?」と聞いたら、「苦労のない 穴にさようなら」。

つまり、埋葬されることがわかっていたんです。しかも「苦労のない」という表現からは死とは安らかに眠るということまで。

川村 死の意味がわかっているんですね。

竹内 アメリカの俳優、ロビン・ウィリアムズは、ココと仲が良かったんです。四年前、彼が自殺したとき、ココはそのニュースを見て涙を流していました。

川村 身内や友人が死んだら、悲しいという感情がしっかり備わっているんですね。

竹内 ある程度、知能を持った動物が、真っ先に何に疑問を抱くのかといったら、自然現象だと思うんです。太陽が昇り、日が沈み、夜になって月が出て、突然風が吹き、雨が降り、雪になり、場合によっては日蝕・月蝕現象が起きる……。
　特に地震や雷が発生したときは、何者かが怒っているに違いないと感じるでしょう。そういった自然現象を体験することによって、我々を超越した何者かがいるんだと普通に考えるのではないかと思います。
川村　それはわかりますね。
竹内　そういう考え方が出てくると、部族間の争いにおいて、あの世がある、我々を超えたリーダーが存在する……。
　つまり神ですね。そのように考えたほうが、争いに対しても強くなれる。だから、「神」はあくまで人間が生み出した概念に過ぎないんです。
　作家の佐藤優さんにこのことを話したら「神学の分野ではそういう結論になっています」と答えられて非常に驚きましたね（笑）。
川村　クリスチャンの佐藤さんが、そう言っているんですか。
竹内　人生を振り返ってみると、誰しもさまざまな奇跡や偶然の出会いがあって、今の自分が存在していると感じると思うんです。ただ実際にはそう感じられるだけであり、さほどの奇跡でも偶然でもないと思うのですが、とにかく、それらを総合して「神」はいるととらえる人も多いと思います。佐藤さんも、自分の人生のいくつかのターニング・ポイントにおいて、あのとき確かに神は存在した、ということを仰っています。

「ハレ」と「ケ」・「儀式」と「無礼講」

川村　昭和天皇の作歌の指南役だった岡野弘彦さんにうかがったのですが、昔の歌会始めは厳かな儀式の後、どんちゃん騒ぎがあったそうです。結婚式やお葬式も、厳粛なセレモニーと宴会や直会《なおらい》がセットでしょう。ところが、西洋合理主義的な考え方が入ってきて、無駄なことはやめようと宴会が取りやめになってしまった。岡野さんは「これでは本体（歌会）を痩せさせることになりますね」と仰っていました。まさに「ハレ」と「ケ」なんですが、日本人の大事な感覚の一つだと思うんです。

竹内　キレイなものばかりではうまくいかない。農村では、お祭りのあと乱交パーティーみたいなこともあった。

川村　「無礼講《ぶれいこう》」ですよね。この言葉もあまり使われなくなりましたね。どんちゃん騒ぎで、本来の動物的エネルギーを取り戻すことをしていたんだと思いますけど、人間はそういうことを忘れてはいけないと思いますね。

竹内　動物的な本能ですね。

トランプと中国は現代の黒船だ

川村　これまで四回にわたって「対談」という形で人間と動物の比較行動学について〝講義〟を受けてきたのですが、動物の世界、オスとメスの関係というのは奥深く、面白いなとしみじみ思いました。それと同時に、動物的なエネルギーが失われつつある日本のこれからが心配になりました。

竹内　日本は今、江戸末期の幕末のような状況だと言われることがあります。中国などいくつかの国が日本を乗っ取ろうとしている。もうだいぶ入りこまれていますが。でも、幕末と今では決定的に違うところがあります。幕末の頃は、国を思い、責任感を持って行動した「志士」たちが存在していました。はじめはなかなか足並みが揃わなかったものの、最終的には彼らが結束して、日本が植民地化されるのを防ぐことができた。ところが、今はそういう結束力を生み出すことができるのでしょうか。

しかも、現代は、大衆がいろいろな意見を言える場がたくさん増えてしまったから、その声に引きずられて変な方向に舵が向いてしまう。

川村　団塊の世代のすべてがそうではないですが、彼らには、自分たちこそが戦勝国にいいように教育され、操られて行動した人生だったということに気づいてもらいたいですね。衆愚《しゅうぐ》政治ではありませんが、非常な危機に見舞われていますよね。

トランプが登場したとき、私は彼こそ「黒船」じゃないかと思ったんです。近い将来、彼が米軍を日本から撤退させると言うんじゃないか。そうすれば、日本だって目覚めるしかないでしょう。

私自身、「右傾化」のレッテルをよく貼られますが、じゃあ「右」ってなんですか。そういう定義もしないで批判を展開するからおかしくなると思うんです。

竹内　私も今の社会状況には本当に危機意識を持っています。

川村　でも、今回のワールドカップのサッカー日本代表は、全員「君が代」を歌っていました。それを見て半歩前進したなと思いました。以前は、口を動かさない選手が多くいましたから。

竹内　国民栄誉賞を受けた羽生《はにゅう》結弦《ゆづる》選手もちゃんと歌っていますし、若い世代は意識が高いんじゃないですか。特におかしいのは団塊世代だと思います。駅前で「憲法改正反対」のビラを熱心に配っている彼らの姿を見ると、呆れるどころか、怒りの感情すら湧いてきます。

今からでも遅くはないから、目覚めずに死ぬのはやめてほしい。

川村　世界が変わったのがわかっていないんでしょう。そういう人には、北朝鮮や中国のリーダーになってもらいたいですね。これからも、一緒に声をあげていきましょう。

補講

①タバコは脳に働いて人を幸せにします

竹内久美子

②不美人と煙草のみはなぜ嫌われるのか

川村　二郎

補講① タバコは脳に働いて人を幸せにします

竹内久美子

「タバコがないと原稿が書けない」人がいる

竹内 私自身はタバコは吸わないのですが、京大の恩師である日高敏隆先生（故人）はヘビースモーカーで、「タバコがないと原稿が書けない」と仰って、ずっとハイライトを手放しませんでした。晩年、肺がんを患ってからは、さすがにマイルドセブンのような軽い銘柄にかえましたが、「吸った気がしない」とぼやきながら、左手にタバコを持ち、右手で原稿を書いておられた姿を思い出します。

近ごろはタバコの害ばかり主張されますが、喫煙にも利点があることが実はわかっています。

まず、タバコを吸うと、ニコチンによってバソプレシンの分泌が促進される。バソプレシンというのは九個のアミノ酸が連なったペプチドホルモンです。ちなみに、アミノ酸がたくさんつながるとそれがたんぱく質、アミノ酸の個数が少ない場合にはペプチドと呼ばれます。

バソプレシンには集中力を高め、記憶を増強させる効果があります。さらに、不安や緊張を和らげる鎮静作用もある。何か面倒な問題が起きたとき、男性がいそいそとタバコを取り出す光景をよく見かけますが、それも、不安を取り除き、勇気を出して困難に立ち向かおうということなんです。

こんなことがありました。軽トラックとバイクが衝突して、バイクに乗っていた男性が放り出されたのを偶然、目撃したんです。トラックの運転手が降りてきて、あわてて駆け寄るかと思ったら、やおらタバコに火をつけたのでビックリしました。まずいことになったと思って落ち着くために吸い始めたんでしょうね。そんな場合じゃない、早く助けに行けよって（笑）。

ただ、ラットにバソプレシンを投与すると、不安が和らいだのをいいことに、恐れ知らずの攻撃的行動をとります。人間も、バソプレシンが分泌されるとケンカっ早くなり、縄張りの主張や防衛のためにエネルギーを使うようになる。イヌもそうですが、哺乳類のオスは尿でマーキングをしますね。もともとバソプレシンは尿を濃縮する働きのあるホルモンですから、何か関係があるはずです。

――タバコを吸って不安がなくなると、ケンカに勝てるような気がするのでしょうか。

竹内 そうなんですよ。それにバソプレシンにはそもそも攻撃性や警戒心を高め、性的なことに敏感になるという効果があります。勃起や射精にも関係してるそうです。だからタバコって、男っぽさの象徴になっているような気がします。

バソプレシンは男性ホルモンの代表格であるテストステロンとセットで働きますから、そのせいもあるかもしれません。テストステロンは女も持っているので、男でも女でもその作用は現れます。ところが、先ほど言ったようにバソプレシンには記憶を増強させる作用がありますが、それはなぜか男性に限られる。文章や単語が思い浮かばないときにタバコを吸うとフッと浮かんでくるという男性がたくさんいます。日高敏隆先生が「タバコがないと原稿が書けない」と仰っていたのは、そのことだったんですね。

それに、タバコを吸うと鎮静、抗不安、抗痙攣《けいれん》作用のあるγ（ガンマ）アミノ酪酸という脳内伝達物質も放出されます。落ち着いたり不安を解消したりする効果が、タバコには確かにあるんです。それはすべてニコチンの作用らしい。タバコを嗜《たしな》む方はそういう効果を無意識に知っていて、だからこそタバコは世界に広まったんだと思います。

吸っておいしいのはタバコと乳首とマックシェイク

竹内　「幸せホルモン」、「愛情ホルモン」と呼ばれるオキシトシンというペプチドホルモンがあります。バソプレシンと構造がよく似ていて、やはり九個のアミノ酸からなっているのですが、そのうちの二つだけ違うのです。バソプレシンをつくる遺伝子に変異が起きてできたのだろうと言われているんですが、このオキシトシンは、言いようのない幸福感をもたらす働きを持っています。

オキシトシンは女性ホルモンとセットになっているんです。もともと陣痛を促す物質として発見され、母乳の分泌も促します。出産のときに大量に分泌されるのは、不安と痛みを和らげてリラックスさせるためです。

それだけでなく、人と人との絆や信頼を形成するのに役立つこともわかってきました。オキシトシンが大量に分泌された状態で生まれてきた我が子に対して、母親はこの子を絶対に離したくないという激しい感情を抱きます。赤ちゃんのほうも、お母さんに抱かれ、お乳を吸うという接触刺激によってオキシトシンが分泌され、幸せな気分になる。しかも、人を認識する「ソーシャルメモリー」と呼ばれる効果もオキシトシンにはあるので、いま自分を抱いているのが母親だということを理解する。こうして母子の強い絆が形成されるのです。

オキシトシンは赤ちゃんとお母さんの間だけでなく、単に抱きしめたり、肌を触れ合い、体をなでたりさすったりするだけでも分泌されます。男女の間や、ペットのイヌと飼い主の関係にも同じことが言えます。さらにオキシトシンには傷の治りを早くする効果もあって、お母さんが子供の傷に手を当て、なでて「痛いの痛いの、飛んでいけー」と唱えるおまじないには、本当に〝手当て〟の効果があるのです。

——臨死体験をした人は、とても満ち足りた幸せな気分に包まれていたと誰もが言うそうですね。それは「死」という人生でいちばんの苦しみを和らげるために、脳内モルヒネと呼ばれるエンドルフィンのような、多幸感をもたらす物質が分泌されるからだという説がありますが、それに近いものですか。

竹内　オキシトシンもエンドルフィンを分泌して痛みを感じにくくさせるのですが、驚いたことに、喫煙時にはバソプレシンだけでなく、オキシトシンも分泌されます。これはニコチンのような成分の作用ではなく、タバコを吸うことによって、赤ちゃんのときにお母さんのお乳を吸っていた記憶がよみがえるためらしい。だから、吸うのはべつにタバコでなくてもいいんです。

マックシェイクという飲み物がありますね。ドロッとしているから相当強くストローを吸わないと飲めない。どこまで本当か知りませんが、あれはオキシトシンの分泌を促すために意図的にそうしているのであって、お母さんの乳首くらいの太いストローで強くチュウチュウ吸うことで幸せな気分にさせ、病みつきにさせるのがM社の戦略だという説があります（笑）。タバコの直径も母親の乳首と同じくらいじゃありませんか？

オキシトシンには先に傷の治りを早くすると述べたように、免疫のシステムを強める働きもあると考えられています。免疫系を弱らせる最大の要因はストレスですが、ストレスホルモンのコルチゾールのレベルを下げたりしてストレスを緩和させるのです。おいしい食事、ゆったりとした入浴、美しい自然、ほほえましい風景、心休まる音楽などもオキシトシンを分泌させるきっかけになりますから、温泉旅行なんか、まさにストレス解消の最たるものです。

――タバコを吸うとリラックスするというのは単なる勘違いだと全否定する医師もいますが。

竹内　バソプレシンとオキシトシンの作用を考えれば、タバコは間違いなく気分転換にもなり、リラックスさせる効果があります。

ひと休みすることを「一服する」と言いますが、出雲地方の方言では、休憩することをまさにそのまま、「たばこする」と言うそうです。「たばこしてごしなはいよ」は「休憩してください」。ゴキブリのことは「御器囓」と書いて「ゴキカブリ」という。御器を齧るからという、江戸時代からある言葉がいまでも出雲には残っている。「たばこする」も同じ古い言葉です。昔の人はタバコの本質を直観的に理解していたんですね。

科学とタバコと男と女

竹内 ホルモンや脳内伝達物質の研究はどんどん進んでいます。歴史の解釈もその後の研究によって変わることがありますが、科学の分野では新たな事実の発見だけでなく、仮説もどんどん新しいものに取って代わられる。

科学上の大発見をした研究者って、どこか抜けているところのある人が多いんですよ。DNAの二重らせん構造を発見した(ジェームス・)ワトソンと(フランシス・)クリックだって、肝心なところが抜けていて、化学の専門家の間では常識であることに気づかず、たまたまある専門家に指摘されてようやく「えっ、そうなの?」って知り、その翌日に二重らせんモデルを思いついているんですよ。その人物はよほど悔しかったのでしょうね、後に二人をずいぶん批判しています。

ノーベル化学賞を受賞した田中耕一さんは、別々に使うはずだったグリセリンとコバルトの粉末を間違えて混ぜてしまったことが大発見につながった。同じくノーベル化学賞の白川英樹さんも失敗した実験からヒントを得ています。勘違いや失敗のような偶然が科学を大きく左右するんです。

あまりにも厳密で、ＩＱが高くて、こうなったらこうなるとすぐにすべてがわかってしまう頭のいい人とか、抜け目のない、ソツがない人とかはかえって大発見はできないみたい。彼らの考える範囲内には既に誰もが到達しているので、新しいものは残されていないんです。官僚なんかにはそういう人のほうがいいのかもしれませんが、科学者には向いていない（笑）。

ちなみにチャールズ・ダーウィンも学校の成績はあまりよくなくて、どちらかというとちょっとトロい子供だったようです。でも、彼の家系は変わっていて、よくこんなことに気がつくものだと驚かされるような特殊な頭脳を持っている人が多い。

十九世紀の三大カリスマはダーウィンとフロイトとマルクスであると言われています。あとの二人はもうすっかり時代遅れになってしまったけれど、ダーウィンだけはますます評価が高まっている。もちろん、あの時代ではわかりっこない細かな点は修正されていますが、基本的な考え方はいまもまったく揺らいでいません。

——オキシトシンは女性ホルモンとかかわりが深く、バソプレシンは男性ホルモンとセットで働くということですが、それぞれ男女で作用に差があるのですか。

竹内 女性にも男性ホルモンはあるし、男性にも女性ホルモンはありますから、基本的には男女それぞれに同じ働きをします。でも、それらの濃度は十倍くらいの違いがある。つまり、男性の持っている女性ホルモンは女性の十分の一くらいしか存在しない。その逆も然りです。性フェロモンも同じで、女性の性フェロモンは男性にもあり、男性の性フェロモンも女性にもあるけれど、こちらの濃度は二十倍くらい違う。

ただ、バソプレシンに記憶を強化する働きがあるのとは逆に、オキシトシンには忘却の効果があるとも言われます。いやなことを忘れるのも人間には大事なことですから。オキシトシンには痛みを和らげる効果もあるとはいえ、出産のときにあれほど痛い思いをしたことを強烈に覚えていたら、もういやになってしまうはずだけれど、それを忘れてしまうからまた子供を産もうという気になるんじゃないでしょうか。

——タバコの似合う女性もいますね。フランス映画なんかでカッコよくタバコを吸っている女性って、そういえばボーイッシュかもしれない。

竹内　タバコというのは吸った姿がサマになるかどうかがすごく大事だと思います。とくに女はそうですが、タバコをくわえた自分がどう見えるかということがわかっていないと吸えませんよ。

——浮世絵で見る吉原の花魁《おいらん》の煙管《きせる》の持ち方、首の傾げ方などは実にサマになっている。

竹内　そう、粋《いき》なんですね。はすっぱでガラの悪いねえちゃんが吸っているのはちょっといただけない。粋な大人の、粋な女の吸い方をしないとね。その人の歩んできた人生、背景も含めて、吸うからには覚悟を決めて、説得力のある吸い方をしてほしい。もちろん、これはむしろ男性に強くお願いしたいことですが（笑）。

（『コンフォール／愛煙家通信』二〇一八年№25より転載。聞き手：編集部）

補講②　不美人と煙草のみはなぜ嫌われるのか

川村二郎

LGBTよりsmoker差別が問題

世間を賑わせているLGBTは個人の性的指向で、能力とは関係がない。世の中が生き残りをかけている時代に、そんなことでガタガタ言う会社や組織は放っておいても、天罰が下る。先が知れている。

もし差別されているとウジウジしている人がいたら、

「くやしかったら、いい仕事をして、見返してやりなさい」

と言ってやるつもりでいる。

——と、偉そうなことを言っても、約四十年勤めた朝日新聞社で管理職だったのは十年足らず、たとえ殉職して二階級特進の栄《えい》に浴《よく》しても局長待遇はむずかしかった身である。そんな人間の放言がどこまで説得力を持つのか、わからない。

煙草のみに寛大な竹内さんの尻馬《しりうま》に乗るつもりはないが、この際、大声で言っておきたいことがある。現在、不当な差別を最も受けているのは、smokerの「S」ではないか、ということである。

煙草を吸っているだけで、まるで人殺しの犯人を見るような目で見られる。吸える所と言えば、喫煙所というより収容所か隔離部屋と言うような場所である。愛煙家が高額納税者であることが、忘れられているらしい。

嫌煙運動が今のような調子で進めば、煙草を吸っていると、それだけで現行犯逮捕という日が、来るのではなかろうか。

煙草が値上がりしたのは、今年の秋である。私は棺桶に片足を突っ込んだような老いぼれなので、先のことにはあまり関心がないが、一箱千円時代が来るのは、そんなに先のことではないような気がする。これからまだ四、五十年は生きそうな世代は、どうする気だろう。

竹内さんは、何事にも「平等」を求める男は魅力に欠け、根底にあるのはモテない男のヒガミやネタミではないかと、お考えのようである。私には、劣等感に加え、大人の常識にも欠けているように思われる。平等は元来、法律の前だけなのは、常識だろう。もし全員が何もかも平等になれば、そんな国には、文化は生まれない。そんなことも考えずに平等を唱えるのは、大人の常識がない証拠である。

何でも平等でないと気がすまず、すぐ差別だと騒ぐ人間はもしかすると、太平洋側に比べて日本海側が冬、陽光に恵まれないのは差別だと、言い出すかもしれない。

不美人はジェンダー派になる？

それはともかくとして、実は私は、ヒガミ男と同じことが女性についても言えるような気がする。私の知るかぎり、「男女共同参画」を声高に言う女性は概してブスで、劣等感から発言が過激になっているように思われる。少なくとも私が約四十年在籍した朝日新聞社では、憲法九条を金科玉条《きんかぎょくじょう》にし、従軍慰安婦に執着する、いわゆるジェンダー派に属する女性記者は、不美人が多かった。

その代表格と言っていいのが、編集委員から大学教授になったT女史である。名前を書けば、名誉棄損で訴えられるかもしれないし、裁判となれば顔を合わせなければならない。七十七歳にもなってブスと向き合うのは、御免である。

社内ではじめて彼女を見たとき、男に愛されたことがなさそうなことが、一目でわかった。夏目漱石は『三四郎』の中で、Pity is akin to loveを「かわいそうだは惚れたってことよ」と訳したが、私が同情したのはT女史の、朝日新聞の記者だという夫君のほうである。

「顔つきは作るもの」「人は見た目がすべて」

良くしたもので、捨てる神あれば拾う神ありか、T女史にもファンがいるらしい。この拙文を読んだら女史が何と言うか。想像に難くない。文句を言われたら、「文句があるなら、面白い文章を書いて、私のようなメンクイ男を見返してくれよ」

と答えるつもりである。

日本では昔から、

「顔立ちは生れつき。顔つきは作るもの」

と言うそうである。

自分のことは棚に上げ、好き放題書いてきたが、この格言は日々、拳々服膺《けんけんふくよう》している。めざすは「ボロは着てても心の錦」の精神の貴族。「心の錦は痩せ我慢に宿る」と言われ、媚《こ》びず阿《おもね》らずを心がけている。

後期高齢者となっては、もう手遅れかも知れないのだが、ネバー・ギブ・アップである。

このところ、作家の白洲正子さんに言われた、

「人は見た目がすべてよ」

という言葉は正しいと思うようになった。動物の世界でもそうらしいことを竹内さんから教わった。これからはブスな女やかっこ悪い男がこれ以上増えないように、白洲さん、竹内さんの受け売りをせっせとしようと思っている。

おわりに——無知でリベラルな団塊世代よ、目覚めなさい！

本書は朝日新聞社出身で、『週刊朝日』の元編集長でもある、川村二郎氏と、月刊誌『Ｗ·ｉＬＬ』で対談した内容を中心にまとめたものである（但し、第四講「トランプ大統領のネクタイと赤の効用」および補講②の「不美人と煙草のみはなぜ嫌われるのか」は本書が初出）。

よりにもよって元朝日の方がなぜ、朝日の天敵、『Ｗ·ｉＬＬ』で活躍されているかは、本書を読んでいただいた方にはおわかりだろう。

対談のきっかけは、私が産経新聞の「正論」に発表した、「『日本型リベラル』の真相は何か」（二〇一八年三月二十八日付）を読んだ川村氏が私に感想をしたためたお葉書を送ってくださったことにある。川村氏はその一方で、『Ｗ・ｉＬＬ』での対談を提案してくださったのである。

実を言うと、「日本型リベラル」について新聞の「正論」に書く前に、『別冊正論』（31号）に「動物学で日本型リベラルを看ると──睾丸が小さい男はなりやすい‼　政治から学界まで本能の為せるワザ」を書いている（本書に収録）。

こんなことを言うと私はまるで「日本型リベラル」について元々詳しく知っていたかのように感じられるかもしれないが、そうではない。『別冊正論』の執筆依頼を受け、私は初めて「日本型リベラル」なる言葉とその意味を知った。同時に、長年にわたり学界に巣くい、腹立ち、呆れ、うんざりし続けている連中の正体が判明したのである。

そうして私はにわかに張り切ることとなった。

彼らにとっては科学的事実の前に思想があり、思想のためなら捏造、改竄、隠蔽もいとわない、時には研究妨害をもするという実態。

科学的事実より思想が優先させられるとこんな悲劇が起きるという実例（スターリ

ンが、共産主義に都合のよい学説を唱えた遺伝学者、ルイセンコを重用し、正統派遺伝学者を多数粛清した事件)。

そして共産主義、社会主義が立ち行かなくなった今でもなぜ彼らがその思想にしがみついているか、などについて生き生きと論ずることができた。

そのうえで、女にモテず、睾丸の小さい男が平等と貧富の差がないことをうたう、共産主義思想に惹かれ、日本型リベラルという特殊な存在となっているのではないか、との結論をくだしたのである。

実は、平等も貧富の差がないことも一見、何ら反論できないポリティカル・コレクトネス(政治的に正しい言葉遣い)に聞こえるが、ややうがった見方をするなら、こんなふうに解釈することができる。

平等とは、要はモテない自分にも女を平等に分け与えよという意味、貧富の差がないとは、稼ぎのいい男が妬ましいから格差をなくせという意味。

睾丸が小さければ、男性ホルモンの代表格であるテストステロンのレベルが低い。テストステロンは主に睾丸でつくられるからだ。

当然、男としての魅力が乏しく、女にモテない。だから女を平等に分配せよ、という主張となる。

同じくテストステロンのレベルが低いと、社会において他者との競争に勝って出世し、給料がいいとか、己の才覚によって大いに儲けるなどということも実現しにくい。よって稼ぎのよさで女にモテる男が妬ましいので、貧富の差はあってはならないと主張することになるわけだ。

これはあくまで動物行動学や進化生物学を学んだ私の個人的見解である。

それにしてもこのとき興味深かったのは『別冊正論』では難なく採用された「睾丸」と言う言葉が、新聞の「正論」では「困ります」と言われたことだ。新聞の建前というものによるらしい。

そこで「睾丸が小さい」は「男性ホルモンの代表格であるテストステロンのレベルが低い」と置き換えたが、主旨に変わりがあるわけではない。

川村氏はとにかくまめな方で交際範囲も広く、私のような者にも積極的に声をかけてくださった。そして何より、対談の名手であり、大変に聞き上手な方だ。

特に驚いたのは、本書に登場する、男子学生と女子学生とでは、パートナーがほかの異性と体でつながるのが嫌か、心がつながるのが嫌かの二択を強いられたときの反応に違いがあるというくだりである。女子学生は「心がつながっている」ほうをより嫌がると述べたところ、即座に映画のエピソードを思いつかれたのだ。

ロバート・デニーロとメリル・ストリープが、お互いに家庭がありながら強く惹かれあう男女の役を演ずる。体の関係はない。そこでデニーロの妻役が、「相手と寝ていないことがわかったので、あなたと離婚する」と宣言したというのだ。

この妻はパートナーがほかの異性と心の深いところでつながるほうが、単に体の関係があるだけよりも、事が深刻であることを本能的に知っている。そのためにこう発言したわけだが、先の研究とぴたりと符号する例をこんなにも素早く提示されたのである。

川村氏は対談相手である私をリラックスさせ、どんどん話を引き出してくださる。

本書で私の発言が調子に乗りすぎに感じられたとしたら、川村氏のこの「引き出し」のうまさゆえとお考えいただきたい。

本書では、日本型リベラルの話、不倫や浮気についての話、同性愛には実は生物学的に意義があるという話、宗教の起源について、死についてなど様々なテーマを論じたが、特に強調したいのは、現在の日本国が直面している、幕末にもたとえられる一大危機についてである。

この件について強い危機感を抱いている人は残念なことに少数派であり、特に団塊といわれる世代は大多数が無知と言ってよい。

団塊世代は、戦後のベビーブームの頃に生まれ、多くの場合、GHQがやっつけ仕事で作り、押しつけた日本国憲法を有り難がる。「これで日本が本当の民主主義国家になった」などと喜ぶ。特に九条が素晴らしい、九条があるから日本は平和が保たれている、それどころか九条を世界遺産に登録しようなどと、とんでもなく愚かな考えを示す人々もなかにはいる。

また、戦後の自虐史観教育により、日本は先の戦争で悪いことをした、ほかの国に謝りつづけなくてはならない、と本気で思い込んでいる。

彼らはＧＨＱが要所、要所に仕掛けた日本弱体化、日本人を腑抜けにするための罠にものの見事にはまっている。ＧＨＱ関係者などは、団塊世代による、「安保反対（日米安全保障条約反対）」などの学生運動の高まりなどを見て笑いがとまらなかったのではないだろうか。

団塊世代はこれまで家族や仕事など、各人各様に恵まれた人生を送ってきたことだろう。

では、日本人として、どう生きてきたのか。日本人の誇りを胸に持ち、生きたとどれほどの人が言えるだろうか？

今からでも遅くはない。いや、今目覚めなくてどうする？　子や孫たちの未来が他国によって蹂躙《じゅうりん》されてもいいというのだろうか！

現状の憲法では、日本はいつ滅んでもおかしくはない状態にある。しかしこの度、安倍晋三氏が自民党の総裁に三選され、首相としてもう三年の続投が決まった。安倍氏自身はもちろんのこと、そもそも自民党は一九五五年の発足時から憲法改正を目指してきている。団塊世代は今こそ目覚め、安倍政権の足を引っ張らぬことである。何よりも子や孫の世代の未来のために。

対談にあたって、『ＷｉＬＬ』編集部の立林昭彦編集長と齋藤広介さん、書籍化にあたって、書籍部の仙頭寿顕編集長と安田みゆきさんをはじめとする、多くの人々にお世話になりました。

この場を借りて感謝申し上げます。

二〇一八年十月

竹内久美子

川村二郎（かわむら・じろう）
1941年、東京生まれ。文筆家。慶應義塾大学経済学部卒。『週刊朝日』編集長、朝日新聞編集委員などを歴任。『学はあってもバカはバカ』（ワック）、『王貞治のホームラン人生』（朝日新聞社）、『いまなぜ白洲正子なのか』（新潮文庫）、『夕日になる前に—だから朝日は嫌われる』（かまくら春秋社）、『孤高—国語学者大野晋の生涯』（集英社文庫）、『社会人としての言葉の流儀』（東京書籍）など著書多数。

竹内久美子（たけうち・くみこ）
1956年、愛知県生まれ。1979年、京都大学理学部卒。同大学院で動物行動学専攻。1992年、『そんなバカな！　遺伝子と神について』（文春文庫）で第８回講談社出版文化賞「科学出版賞」受賞。ほかに『浮気人類進化論—きびしい社会といいかげんな社会』（晶文社・文春文庫）、『ウソばっかり！　人間と遺伝子の本当の話』（ワニブックス）、『同性愛の謎—なぜクラスに一人いるのか』（文春新書）など著書多数。

「浮気《うわき》」を「不倫《ふりん》」と呼《よ》ぶな
——動物行動学《どうぶつこうどうがく》で見《み》た「日本型《にほんがた》リベラル」考《こう》

2018年11月21日　初版発行

著　者　川村二郎・竹内久美子

発行者　鈴木　隆一

発行所　ワック株式会社
東京都千代田区五番町 4-5　五番町コスモビル　〒102-0076
電話　03-5226-7622
http://web-wac.co.jp/

印刷人　北島　義俊

印刷製本　大日本印刷株式会社

ISBN978-4-89831-786-0